교육과 돌봄의 융합으로서 전일제학교 확대와 시사점

CONTENTS

들어가는 말

전일제학교란 무엇인가? 단순하게 말하면 지금 운영 중인 초등돌봄교실과 방과후학교를 합친 개념으로 보면 된다. 초등돌봄교실은 초등학교 내 공간에서 하교 후에도 맞벌이 등을 이유로 부모가 돌볼 수 없는 자녀들을 돌봐주는 프로그램이다. 정규수업이 끝난 후 초등학교에서 제공하는 돌봄서비스로 이해할 수 있다. 방과후학교는 학생과 부모의 선택에 따라 정규수업이 끝난 후 이루어지는 교육 프로그램이다. 학원 대신 혹은 학원에 가기 전에 주산·암산, 축구, 컴퓨터 등 다양한 분야의 교육을 학교교사가 아닌 방과후강사가 진행한다. 교육청의 재정 지원도 있지만 수익자 부담 원칙에 따라 학부모가 비용을 부담하고 있다. 더 자세한 내용은 「방과후학교포털시스템」에 들어가면 쉽게 알 수 있다.

> **방과후학교포털시스템**
> https://www.afterschool.go.kr/intro/care/careInfo1.do

이제 한국사회는 초등돌봄교실과 방과후학교를 합친 개념으로서 전일제학교를 필요로 하게 되었다. 돌봄만으로도 안되고 학원 대신 한 두 시간 선택하는 방과후학교만으로도 안되는 시대가 된 것이다. 돌봄과 교육의 융합으로서 전일제학교는 시대적 요구이다. 왜 그럴까?

첫째, 아빠는 돈 벌고 엄마는 집에서 살림을 하면 되는 시대가 지나갔기 때문이다. 부모의 일·가정양립이 당연한 세상이 되었는데 초등학교에 아이가 들어가기만 하면 갑자기 아이를 맡길 곳이 사라진다. 어린이집이나 유치원에서는 가능했던 오후 돌봄서비스가 없어지면서 이른바 '초등돌봄절벽'에 부딪친다. 초등 저학년까지는 필요한 사회적 돌봄체계가 초등 입학 전 영유아기까지만 존재하고 아동기에는 사실상 사라지는 황당한 상황이 생겨난다.

둘째, 초등돌봄절벽은 엄마의 경력단절로 이어질 가능성을 높인다. 엄마와 함께 돌보는 아빠들이 점점 많아지는 상황에서 아빠들의 돌봄부담도 커지고 있다. 그 결과는 세계 어느 국가에서도 찾아보기 어려운 극단적인 초저출산·초저출생 현상이다. 당장 엄마의 경력단절을 예방하고 아빠의 돌봄부담도 덜어주면서 아빠와 엄마가 함께 일하고 함께 돌보는 세상을 만들기 위해 전일제학교가 필요하다. 전일제학교는 초저출산·초저출생 현상에 대응하는 중요한 수단이다.

셋째, 치열한 글로벌 경쟁에서 지속가능한 성장을 하려는 기업은 유능한 전문인력을 필요로 한다. 아이를 낳고 키우는 상황 때문에 유능한 인재를 놓치는 기업은 경쟁력을 상실하게 된다. 세계경제를 선도하는 기업들이 가족친화경영을 하는 이유이다. 기업의 가족친화경영과 맞물리면서 경력단절하지 않는 부모의 우수한 노동력으로서 자질을 유지시켜주는 좋은 수단이 전일제학교가 될 수 있다.

넷째, 건강한 성장에 대한 아동의 권리를 보장하는 수단으로서 전일제 학교의 역할이 있다. 전일제학교는 학생 간 학력 격차를 좁히면서 동시에 학생 개인의 인격적 성장을 보장하는 수단이다. 저소득층이나 이주배경가족 자녀들은 방과후 시간에 방치되는 경우가 많다. 이 아동들이 양질의 돌봄을 받으면서 동시에 학교숙제를 즉시 처리하거나 특기적성 교육을 받음으로써 계층 간 학력 격차를 해소할 수 있다. 또한 학원 교육을 대체할 수 있는 양질의 프로그램을 제공함으로써 중산층의 욕구를 충족할 수도 있다. 부모의 사회경제적 지위와 관계없이 아이들이 학교 공간에서 오후 시간에도 서로 어우러져 성장하는 과정은 어릴 적부터 사회연대, 타인에 대한 배려, 남을 이해하는 공감 능력, 남에게 존중받는 경험을 제공하는 기회가 된다.

돌봄만으로도, 교육만으로도 아동과 부모의 욕구를 충족시켜줄 수 없다. 기업은 경력단절하지 않고 지속적으로 전문성을 키워가는 유능한 인재를 필요로 한다. 부모의 지불능력에 따라 하교 후 동선이 분리되는 아이들이 오후에도 같은 공간에서 보내는 몇 시간을 통해 미래의 민주시민으로 성장할 수 있는 기회를 가질 수 있다. 초등돌봄절벽이 사라진다면 많은 사람들이 아이를 낳고 키우는 일에 다시 눈을 돌리게 될 것이다. 돌봄과 교육의 융합으로서 전일제학교가 필요한 이유다.

전통적으로 오전 수업 중심으로 이루어지던 독일 학교 체계가 2000년대 이후 전일제학교로 변화하기 시작하였다. 앞서 언급한 필요성에 따른 변화이다. 독일은 구체적으로 어떤 변화를 경험하였나? 전일제학교 도입 및 확대 양상은 어떠한가? 한국에 주는 시사점은 무엇인가? 알아보도록 하자.

1. 전일제학교
도입 및 확대

전일제학교 도입 및 확대

독일 전일제학교 확대 과정은 2002년 무렵 도입기와 그 이후 확대기로 나눌 수 있다. 2000년대 초반까지만 해도 독일에서 전일제학교는 낯선 개념이었다. 그러나 지금은 폭넓은 정치적·사회적 합의를 바탕으로 대폭 확대되는 경향을 보이고 있다.

가. 도입기

각종 학원을 중심으로 하는 사교육 시장이 커지기 이전 한국의 학교는 전일제 그 이상의 전일제학교였다. 고등학생 정도 되면 새벽밥을 먹고 학교에 가서 밤 10시, 11시가 되어야 집에 오곤 했다. 이른바 '야자'로 불리우던 매우 타율적인 '야간자율학습'이 있었기 때문이다. 반면 독일은 전통적으로 학교 수업을 오전에만 하는 '반일제학교(Halbstagsschule)'가

대세였다. 한국의 초등학교에 해당하는 그룬트슐레(Grundschule), 인문계 중고등학교 과정에 해당하는 김나지움(Gymnasium), 실업계 중고등학교로 볼 수 있는 하우프트슐레(Hauptschule)와 레알슐레(Realschule) 할 것 없이, 즉 초중고교 모두 학생들이 기본적으로 오전 수업만 하고 집으로 돌아가는 교육 체계였다. 전일제학교를 확대하려는 사민/녹색당(SPD/Grüne) 연립정권이 연방정부 차원에서 「투자 프로그램 '교육과 돌봄의 미래'(Das Investitionsprogramm 'Zukunft Bildung und Betreuung(IZBB)」를 2003년 시작할 무렵 전일제학교가 전체 학교 유형에서 차지하는 비중은 보잘 것 없었다.[1]

2002년 당시 한국의 고등학생 정도면 밤 10시 쯤 '야자'를 하고 교문을 나서는 생활이 보통이었을 때, 독일에서는 오전 수업만 하고 점심은 집에 가서 먹는 학교가 초중고교 전체 학교 중 80% 가까이 되었다. 학생들이 오전 수업 후 점심을 먹고 집에 가지 않는 전일제학교가 전체 학교 유형에서 차지하는 비중은 16.3%에 불과했던 것이다. 초중고교 10개 중 8개는 학생들이 오전수업만 하고 집에 가는 반일제학교였다. 전체 학교 중 전일제학교 수가 차지하는 비중이 절반을 넘은 것은 2010년에 들어와서이다.

학생 수에서도 전일제학교는 독일 사람들에게 낯선 단어였

---

[1] 이 사업은 2009년까지 지속되었다.

다. 2002년 전체 학생 10명 중 1명 정도만 전일제학교에 다니고 있었다. 전체 학생 수에서 전일제학교 학생 수가 차지하는 비율이 2002년 9.8%에 불과하였다. 반대로 말하면 학교에 갔다가 집에 와서 점심을 먹는 학생이 전체 학생 10명 중 9명이었다는 의미다.

초등학교에 해당하는 그룬트슐레의 경우에 전일제학교는 더 존재감이 없었다. 2002년 전체 초등학교에서 전일제학교가 차지하는 비중은 10.3%였다. 전체 학교 10개 중 전일제학교가 2개가 되지 않는 수준이었다면 초등학교의 경우에는 그 비중이 더 낮아져서, 10개 중 1개가 전일제학교였던 셈이다. 게다가 전체 초등학생 중 전일제학교에 다니는 학생 수 비율은 4.2%였다. 초등학생 100명 중 4명 정도의 학생이 전일제학교에 다니는 반면, 96명의 학생이 오전수업이 끝나면 점심도 먹지 않고 집으로 오는 상황이었다.

나. 확대기

전일제학교 확대를 위한 양적·질적 투자가 본격화되면서 변화가 일어났다. 양적 투자의 기본 토대는, 앞서 언급한, 2003년 「투자 프로그램 '교육과 돌봄의 미래(IZBB)'」이다. 질적 발전의 차원에서는 전일제학교 운영을 지원하는 지역 서비스센터(regionale Serviceagenturen)가 중요한 기여를 하였다.

1) 양적 확대

2003년 「투자 프로그램 '교육과 돌봄의 미래(IZBB)'」 사업을 시작하여 마무리한 2009년까지 7년 동안 전일제학교 학생 수는 연 평균 약 17만5천 명씩 증가하였다. 사업 시작 당시 전체 학교 10개 중 2개가 채 안되었던 전일제학교의 비중은 2004년에 23.2%, 2006년 33.6%에 이르더니 사업이 종료된 직후 2010년에는 51.9%가 되었다. 사업 시행 전 학교 10개 중 2개였던 전일제학교가 5개로 늘어난 것이다. 반일제학교 반, 전일제학교 반 이렇게 해서 전일제학교가 독일 사람들에

그림 1 전일제학교 확대 추이

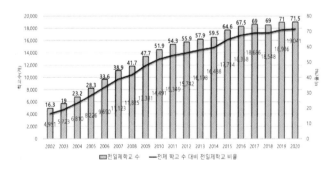

출처: 「KMK(2022), Allgemeinbildende Schulen in Ganztagsform in den Ländern in der Bundesrepublik Deutschland, 2006-2022」[2]를 토대로 재구성.

---

2) https://www.kmk.org/dokumentation-statistik/statistik/schulstatistik/
\allgemeinbildende-schulen-in-ganztagsform.html

게도 친숙한 용어로 다가왔다고 볼 수 있다. 2020년 현재 전체 학교에서 전일제학교가 차지하는 비중은 71.5%이다. 10개 학교 중 7개가 전일제학교로 변한 셈이다.

2003년 「투자 프로그램 '교육과 돌봄의 미래(IZBB)'」 사업은 사민/녹색(SPD/Grüne) 연립정권이 주도했지만 이후 전일제학교 확대는 기독민주/사회연합(CDU/CSU)과 사민당(SPD) 두 거대정당의 대연정이 이끌었다. 이미 2013년부터 사민당과 연립정권을 구성했던 앙겔라 메르켈(Angela Merkel) 수상의 기독민주/사회연합당은 전일제학교 학생 비율을 2025년까지 80% 수준으로 올리겠다는 공약을 내놓았다. 2018년 사민당과 손잡은 메르켈 정부는 임기 4년 동안 모두 20억 유로 규모의 전일제학교 확대를 위한 투자를 하였다. 그 결과가 2020년 현재 전체 학교 10개 중 7개의 전일제학교이다. 학생 수의 경우에도 2020년 전체 학생 중 전일제학교에 다니는 학생 비중이 50%에 다가서는 수준이 되었다. 학생 10명 중 5명이 학교에서 점심을 먹고 오후 4시까지 머물다가 집에 오게 된 것이다.

그림 2 전일제학교 학생 확대 추세

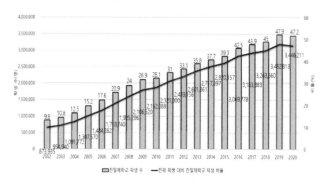

출처: 「KMK(2022), Allgemeinbildende Schulen in Ganztagsform in den Ländern
in der Bundesrepublik Deutschland, 2006-2022」[3]를 토대로 재구성.

전일제학교와 학생 수에서 초등학교와 학생 수가 차지하는
비중도 이와 유사하게 나타난다. 2003년 「투자 프로그램 '교
육과 돌봄의 미래(IZBB)'」를 시작할 당시 전일제학교 수는
2,106개로 전체 초등학교 중 12.4%를 차지하였다. 프로그램
이 종료될 무렵 2009년 초등학교 중 전일제학교의 비율이
40%를 넘어갔으며(41.7%), 2013년에는 51.6%, 2016년에는
65.8%, 2019년 70.6%로 비율 확대 속도가 가중되었다.
2020년 현재 초등학교 중 전일제학교 수는 10,873개이며
그 비율은 71.2%에 달한다.

---

3) https://www.kmk.org/dokumentation-statistik/statistik/schulstatistik/
allgemeinbildende-schulen-in-ganztagsform.html

그림 3 초등 전일제학교 확대 추이

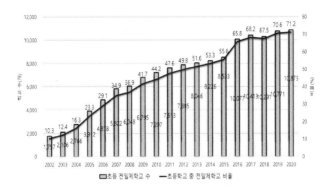

출처: 「KMK(2022), Allgemeinbildende Schulen in Ganztagsform in den Ländern in der Bundesrepublik Deutschland, 2006-2022,[4)]를 토대로 재구성.

전일제학교 참여 초등학생 수도 지난 20년 동안 가파른 증가세를 보였다. 2002년 전일제학교를 다니는 초등학생 수는 13만여 명이었다. 전체 초등학생 중 4.2%의 비율이었다. 2009년 「투자 프로그램 '교육과 돌봄의 미래(IZBB)'」가 마무리될 때 초등학생 중 전일제학교 참여 비율은 21.5%가 되었다. 2020년 현재 전일제학교 참여 초등학생 수는 130만 명을 넘어섰다. 2002년과 비교할 때 10배가 넘는 증가 추세이다. 참여 학생 비율도 46.5%로서 역시 20년 전보다 10배 이상의 증가율을 보였다.

---

4) https://www.kmk.org/dokumentation-statistik/statistik/schulstatistik/allgemeinbildende-schulen-in-ganztagsform.html

그림 4 초등 전일제학교 학생 수 추이

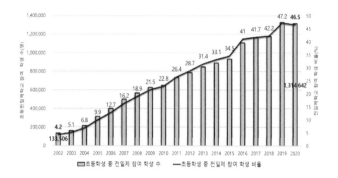

출처: 「KMK(2022), Allgemeinbildende Schulen in Ganztagsform in den Ländern in der Bundesrepublik Deutschland, 2006-2022」5)를 토대로 재구성.

전일제학교 수의 증가와 함께 관찰할 수 있는 흐름이 있다. 아동과 부모에게 선택의 여지를 주지 않는 의무형 전일제학교(gebundene Ganztagsschule)보다 선택을 존중하는 개방형 전일제학교(offene Ganztagsschule)가 확대되는 추세이다. 전일제학교의 본격적 도입 및 확대가 시작되기 이전에도 전일제학교는 있었다. 장애 학생을 사실상 24시간 돌봐야 하는 특수학교(Sonderschule)는 전일제 운영을 하였다. 고소득 계층의 자녀들이 학비를 내고 다니는 사립학교(Privatschule) 역시 이미 존재하고 있던 전일제학교 중 대표적 사례이다. 이런 학교들은 입학 조건 자체가 전일제였다는

---

5) https://www.kmk.org/dokumentation-statistik/statistik/schulstatistik /allgemeinbildende-schulen-in-ganztagsform.html

점에서 의무형 전일제학교로 분류할 수 있다.

전일제학교 도입 및 확대가 본격적으로 이루어지기 직전인 2002년 당시 의무형 전일제학교 학생 수는 약 60만 명 수준이었다. 반면 개방형 전일제학교 학생 수는 약 28만 명으로서 의무형 전일제학교 학생 수의 절반 정도에 머물렀다. 그러나 전일제학교 확대가 본격적으로 이루어지면서 전일제학교 학생 수중 의무형이 차지하는 비중은 감소하기 시작하였고 개방형 전일제학교 학생 수 비중이 높아지기 시작하였다. 2002년 전일제학교 참여 학생 중 의무형과 개방형 학교에 다니는 학생 비율이 67.9%와 32%이었다. 2020년 해당 비율은 44.9%와 55.1%이다. 같은 해 개방형 전일제학교 참여 학생 수는 189만여 명이며 의무형 전일제학교 참여 학생 수는 154만여 명 수준이다.

그림 5 전일제학교 유형 별 변화 추이

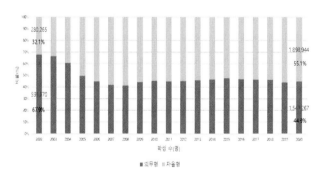

출처: 「KMK(2022), Allgemeinbildende Schulen in Ganztagsform in den Ländern in der Bundesrepublik Deutschland, 2006-2022」[6]를 토대로 재구성.

2) 운영 관리

2003년부터 2009년에 걸쳐 실시한 「투자 프로그램 '교육과 돌봄의 미래(IZBB)'」가 숫적 규모 차원에서 전일제학교와 학생 수 증가를 도모하였다면, 운영 관리 체제를 통해 전일제학교 제공 서비스의 질적 수준 향상을 시도한 사업이 있다. 2004년부터 2015년까지 진행한 「더 많은 학생들을 위한 아이디어: 전일제학교에서 배우기(Ideen für mehr! Ganztägig lernen)」이다. 한국의 교육부에 해당하는 독일 연방교육연구부(Bundesministerium für Bildung und Forschung: BMBF)에서 재정 지원을 하고 각 주정부가 추진한 사업이다. 전일제학교를 지원하는 지역 서비스센터(regionale Serviceagenturen)에서 주관하였다. 2015년 사업 종료 후에도 서비스센터를 운영하는 주도 있고, 주정부 교육부에서 전일제학교 업무를 지원하기도 한다. 각 지역 서비스센터 및 주정부 교육부의 전일제학교 관련 업무 및 정보는 독일 아동·청소년재단(Die Deutsche Kinder-und Jugendstiftung: DKJS)에서 운영하는 온라인 포털로 연결되어 있다.[7]

2004년 이후 지역 서비스센터는 독일 연방 16개 주 (Bundesländer)를 단위로 설립되어 「더 많은 학생들을 위한 아이디어: 전일제학교에서 배우기(Ideen für mehr! Ganztägig

---

6) https://www.kmk.org/dokumentation-statistik/statistik/schulstatistik
/allgemeinbildende-schulen-in-ganztagsform.html
7) 지역 서비스센터 홈페이지(https://www.ganztaegig-lernen.de/)

lernen)」사업을 주 지역 사정에 맞게 실천하는 역할을 하였다. 주 정부 교육국(Schulamt), 주 지역 소재 민간 연구소와 재단 등과 협력 네트워크를 구축하고, 전일제학교의 파트너로서 운영 자문 및 지원을 한 것이다.[8]

각 지역 서비스센터 수행 업무의 기본 방향은 다음과 같다. 첫째, 전일제학교 운영 관련 전문 지식 및 정보의 전달이다. 모범이 될 만한 전일제학교 운영 사례가 있으면 이를 공유하기도 한다. 이를 위하여 각종 교재 및 안내서를 발간하고 배포한다. 둘째, 전일제학교 운영에 참여하는 다양한 주체(학교, 지역공동체, 교육 기관, 지자체 및 지자체 교육위원회(Schulaufsicht)를 대상으로 하여 자문 및 보수교육을 한다. 셋째, 전일제학교 운영 과정에서 저소득층이거나 긴급한 문제 상황에 빠진 학생 개인의 복지를 위한 개입의 필요성이 생길 수 있다. 이때 서비스센터가 학교와 네트워크를 구축하여 학생 개인의 어려운 상황을 해결하는 시도를 한다.[9] 넷째, 전일제학교 운영에 참여하는 다양한 주체 간 협력체계를 구축하고 운영을 지원한다. 일종의 지역 전일제학교 운영협의체를 구성하고 협의체 운영을 주도한다고 볼 수 있다.

2015년 '전일제학교에서 배우기(Ganztägig lernen)' 사업

---

8) 「독일 아동청소년재단(Deutsche Kinder- und Jugendstiftung: DKJ), https://www.dkjs.de/themen/alle-programme/ideen-fuer-mehr-ganz taegig-lernen/」홈페이지를 토대로 재구성.

9) Begleitung, Unterstützung und Intensivierung der Kooperation von Jugendhilfe und Schule im Kontext der Ganztagsschule.

종료 이후에도 다음 주에서는 계속 서비스센터를 운영하고 있다. 노르트라인-베스트팔렌(Nordrhein-Westfalen), 브레멘(Bremen), 슐레스비히-홀슈타인(Schleswig-Holstein), 메클렌부르크-포어폼먼(Mecklenburg-Vorpommern), 베를린(Berlin), 작센-안할트(Sachsen-Anhalt).

특히 베를린 시의 경우에는 '전일제학교에서 배우기' 사업이 종료된 2015년 이후 베를린 시 교육·아동·가족부(die Senatsverwaltung für Bildung, Jugend und Familie)에서 서비스센터 재정을 모두 부담하면서 계속 운영 중이다. 2020년 이후 서비스센터 명칭을 '베를린 전일제 서비스센터(SERVICEAGENTUR GANZTAG BERLIN)'로 변경하였으며, 인접 브란덴부르크 주와 메클렌부르루크-포어폼멘 주의 전일제학교 사업 지원 업무를 함께 하고 있기도 하다.10)

서비스센터 업무를 종료한 주의 경우에도 주정부 교육부에서 전일제학교 담당 부서를 만들어서 지속적인 업무 지원을 하고 있다. 예를 들어 작센(Sachsen) 주의 경우에는 주 교육부 내에 전일제서비스 전문팀(Die Fachstelle Ganztagsangebote: GTA)을 3개로 구성하여 전일제학교 대상 운영 지원과 지역 내 협력 네트워크 구축 등 활동을 하고 있다.11) 서비스센터 업무를 종료한 주는 다음과 같다. 라인란트-팔쯔(Rheinland-Pfalz),

---

10) 베를린 서비스센터 홈페이지
(https://www.sag-berlin.de/ueber-uns/geschichte-netzwerk/).
11) 작센 주 홈페이지
(https://www.schule.sachsen.de/fachstelle-gta-6276.html).

자란트(Saarland), 브란덴부르크(Brandenburg), 니더작센(Niedersachsen), 튀링엔(Thüringen), 뮌헨(München), 바덴-뷔르템베르크(Baden-Württemberg), 헤센(Hessen).

운영 주체가 서비스센터이든 주정부 교육부이든지와 관계없이 학생이 단순히 학교에 더 오래 머문다는 의미만 갖는 전일제학교는 아동과 부모의 호응을 받을 수 없다. 전일제학교에 대한 서비스센터와 주정부 교육부의 지원은 다음 영역에서 전일제학교 제공 교육·돌봄서비스의 질적 수준을 확보하기 위한 목표를 갖고 있다.12)

첫째, 시간 영역이다. 성장기 아동·청소년의 신체 리듬을 활성화할 수 있는 시간구조(Zeitstruktur)를 구축해야 한다. 또한 다양한 전일제학교 교육·서비스 제공 주체가 최적의 협력을 할 수 있는 시간구조 구축도 필요하다. 둘째, 전일제학교 운영 효과를 극대화할 수 있는 공간(Raum)의 확보이다. 학교 공간을 학생의 욕구에 최적화하여 구성하고 활용해야 한다. 셋째, 협력(Kooperation) 영역이다. 교육과 돌봄 과정에 참여하는 교내외 다양한 전문가 집단의 협업이 가능해야 한다. 특히 지역사회 다양한 돌봄·교육 서비스 제공 주체와 학부모, 그리고 학교 간 네트워크 구축이 중요하다. 넷째, 교육 영역이다. 수업, 특별활동, 공동과제와 프로젝트, 휴식과 놀이

---

12) 베를린 서비스센터 홈페이지(https://www.sag-berlin.de/).

등 다양한 활동과 프로그램을 통해 학생들이 성장할 수 있는 환경을 만들어야 한다. 다섯째, 영양 관리(Verpflegung) 영역이다. 오랜 시간을 학교에 머무는 학생들이 성장에 필수적으로 필요한 영양을 섭취하는 적절한 식사 서비스를 제공받아야 한다. 특히 저소득층 학생에게는 집에서 먹기 힘든 영양가 풍부한 식사가 중요한 의미를 가질 수 있다.

2. 전일제학교의 정책적 의미

전일제학교의 정책적 의미

　전일제학교는 '학교'이기 때문에 교육정책 주제라고 생각하기 쉽다. 그러나 전일제학교는 교육정책 영역에만 머무르는 주제가 아니다. 독일에서 지난 20년 간 전일제학교가 확대될 수 있었고 향후 초등학교 차원에서 모든 학교가 전일제 운영을 하는 변화가 가능한 이유는 전일제학교가 갖는 다차원적 사회 정책으로서 의미가 있기 때문이다. 전일제학교는 교육정책 영역에만 머물지도 않고 그렇다고 아동정책이나 노동정책의 주제로 한정시킬 수 없다. 가족정책만의 시도도 아니다. 사회정책은 좁은 의미의 저소득층 대상 공공부조부터 시작하여 사회 구성원 전체를 대상으로 하는 소득, 보건·의료, 주거, 교육, 환경 등 다양한 정책 영역을 갖는다. 특히 전일제학교는 교육정책, 아동정책, 가족정책, 노동정책이 공통적으로 만나는 지점에서 형성되는 다차원적 사회정책이라고 말할 수 있다.

가. 다차원적 사회정책으로서 전일제학교

전일제학교는 사회정책의 다양한 영역에 걸쳐 있는 다차원적 사회정책으로서 의미를 갖는다. 어떤 의미에서 그러한지 알아보도록 하자.

1) 사회적 위험과 사회정책

사회정책은 사회적 위험으로 인하여 발생하는 사회문제를 국가가 주체가 되어 해결을 시도하는 행위다. 「사회적 위험 → 사회문제 → 사회정책」의 흐름으로 이해할 수 있다.

사회적 위험은 사회구조적 요인으로 인하여 일정한 규칙성을 가지고 나타나는 위험이다. 사회적 규칙성을 가진 위험이기 때문에 사회구성원 누구나 위험에 처할 수 있는 가능성을 갖는다. 사회적 위험은 산업사회 이전, 즉 전통적 농경·수렵사회에서는 존재하지 않던 현상이다. 산업화·산업혁명 과정에서 대규모 임금노동자 집단(=프롤레타리아 계급)이 출현하면서 등장한 실업, 질병, 노령, 사고, 장애 등이 사회적 위험의 대표적 사례이다.

사회적 위험은 개인 차원에서 대응하기 힘든 경우가 많다. 일자리를 잃었을 때 자신의 자산만으로써 다음 일자리를 구할 때까지 먹고 살 수 있는 사람은 많지 않다. 따라서 사회적 위험으로 발생하는 문제는 사회구성원이 연대하여 해결해야만 하는 사회문제가 된다. 어떤 사람이 병(=사회적 위험)에 걸려서 치료비용 때문에 빈곤에 빠지게 되어도 이를 개인이 해결해야 할 상황으로 놔두게 되면 빈곤은 사회문제가 아니다. 그러나 치료비용 부담을 아예 하지 않게 하거나 덜어주는 의료보험 등 의료보장제도를 운영한다면 치료비 부담으로 인한 소득감소나 빈곤을 사회문제로 본다는 의미가 된다. 그리고 의료보장제도라는 사회정책이 형성되는 것이다.

2) 신사회적 위험과 사회정책

산업사회가 지나가고 후기산업사회가 도래하면서 사회적 위험은 만성적 고용불안과 돌봄공백으로 영역을 확장하였다. 이른바 '신사회적 위험(Die neuen sozialen Risiken; new social risks)'의 출현이다. 산업사회 남성가장 노동자 중심 노동시장에서 실업이라는 사회적 위험에 대응하는 사회정책이 있었다. 그런데 후기산업사회의 도래와 함께 노동시장이 '안정적 고용관계를 보장받는 핵심 노동자 집단과 만성적 고용불안에 시달리는 주변부 노동자 집단'으로 양분되기 시작하였다. 만성적 고용불안에 시달리는 프레카리아트(Prekariat)라는 새로운 계급 개념도 나타났다.[13] 이러한 변화는 산업사회에서 남성 노동자의 고생했을 때 실업급여, 재취업 지원,

---

13) 한국에서 늘 논쟁거리인 '정규직 – 비정규직' 갈등도 이러한 양상의 대표적 사례이다.

가족부양부담 비용 지원하용안정을 보장하고 실업이라는 사회적 위험이 발는 사회정책의 전제가 바뀌었음을 의미하기도 한다. 남성 가장 중심 1인부양자만으로 가족이 먹고 살 수 없는 환경이 된 것이다.

여기에 더하여 1970년대 이후 본격화된 여성운동의 물결은 자신만의 경력(Karriere)을 가족생활만큼 중요하게 여기는 여성의 사회진출 확대로 이어졌다. 남성가장의 1인부양이 가능했던 시기에 조롱하는 의미로 사용하던 '경력여성(Karrierefrauen)'이 당연시되는 사회가 된 것이다. 취업여성의 확대는 자연스럽게 저출산 현상으로 이어졌다. '경력과 가족' 중 하나를 선택해야 하는 기로에 선 여성들 중 다수가 경력을 선택하면서 나타난 결과이다. 취업을 선택한 여성의 증가로 인하여 가족 내 생긴 돌봄공백도 더 이상 가족의 문제가 아닌 사회문제가 되었다. 돌봄공백이라는 새로운 사회문제에 대한 대응을 사회적 돌봄 확대로서 시기적절하게 대응한 국가는 저출산 현상에서 더 빠르게 벗어날 수 있었다. 반면 독일처럼 사회적 돌봄보다 가족 대상 현금급여 확대를 통해 여성을 가정에 묶어두려 했던 국가에서는 합계출산율 1.3 이하의 초저출산 현상이 나타났다.

신사회적 위험은 아동의 방치, 부모의 사회·경제적 지위에 따른 아동 간 학력 격차와 빈곤의 대물림, 저출산으로 인한 이세대 전문 노동력 부족과 가족의 감소를 사회문제로 인식하도록 하는 변화를 독일사회에 가져왔다. 결국 전일제학교는

「신사회적 위험으로서 돌봄공백, 일·가정양립의 어려움 → 아동복지, 교육격차, 노동력 부족, 가족 감소로서 사회문제 → 다차원적 사회정책으로서 전일제학교」라는 흐름에서 등장했다고 설명할 수 있다.

그림 6 다차원적 사회정책으로 전일제학교

나. 교육정책으로서 전일제학교

부모의 지불능력에 따라 발생하는 교육 격차는 4차 산업혁명 시대가 필요로 하는 전문노동력으로서 아동이 성장하는 과정에서 커다란 장애물이다. 전일제학교 도입·확대를 서두는 주요 배경 중 하나였던 2000년 피사(PISA) 학력조사 결과에서 독일이 최하위권에 머물렀던 주요인이 독일 학생들 간 학력 격차이었다. 소득 하위 10% 이하 학생들의 학력 수준이 지나치게 낮았던 결과이다.

저소득층 자녀들은 오전 수업 후에 집으로 돌아가지만 과제 해결을 도와주거나 독서를 하는 기회, 더 배워야 하는 과목에 시간을 투자할 수 있는 가능성을 대체로 갖지 못한다. 이주배경 가족 자녀의 경우에는 부모 자체가 자녀에게는 독일어를 제대로 배울 수 있는 롤모델이 안되는 경우가 많다. 반면 가정환경의 한계를 벗어나 독일어 학습 및 독일사회 적응을 폭넓게 그리고 지속적으로 할 수 있는 기회를 전일제학교가 이주배경 아동에게 제공할 수 있다. 전일제학교를 통해 '수업, 개별적·개인적 능력 촉진, 그리고 과제수행의 성공적인 종합(Appel/Rurz,2009:25)'이 가능해진다. 방과 후 발생하는 아동 방임에서 오는 교육기회 격차를 해소하는 중요한 기능을 전일제학교가 한다. 전일제학교는 점심식사 후에 아동을 단순히 학교 교실에 가둬두는 '수용시설'이 아니다. 오전 수업에서 나온 학교 숙제를 집에 가기 전에 이미 해결하고 다양한 취미·교양·교육 기회를 가짐으로써 학력 수준 향상에 기여하는 기능을 전일제학교는 한다.

피사 학력조사를 처음 실시했던 2000년 당시 경제개발협력기구(OECD) 회원국 중 최하위권에 머물렀던 충격에서 독일 사회는 점차 벗어나고 있다. 2018년 조사 결과 회원국 평균 이상의 학력 수준을 보이고 있기 때문이다. 독일 학생들의 독해, 수학, 자연과학 평균 점수가 498점으로서 회원국 학생 평균 487점을 넘어섰다. 2000년과 비교할 때 14점이 향상된 결과이다. 여전히 소득계층 별 학생 점수 수준 차이가 남아 있기는 하다. 상위소득 25% 학생 학력 수준이 하위소득 25%보다 높은 실정이다. 그러나 하위소득 10% 학생의 학력 수준이 향상되는 경향을 관찰할 수 있다(OECD, 2018:1).

저소득층 학생의 상당수가 이주배경을 갖고 있기도 하다. 독일 학생 중 이주배경 학생 비율은 지속적으로 높아지고 있다. 1990년 동서냉전 체제 종식 이후 서유럽의 변방에서 동유럽과 서유럽을 이어주는 중부유럽의 중심국가가 된 독일로 이주민·난민이 몰려들고 있는 결과다. 독일 초중고 학생 중 이주배경 학생 비율은 2009년 18%에서 2018년 22%로 높아졌다. 학생 5명 중 1명이 독일어가 모국어가 아닌 가정에서 성장하고 있는 셈이다. 이주배경 학생 중 50% 정도가 저소득층에 속한다. 2018년 피사 학력조사에서도 이주배경 학생의 학력 수준은 여전히 낮은 수준을 보인다. 그러나 이주배경 없는 학생들과의 격차는 감소하는 경향을 나타내고 있다(OECD, 2018:2~3).

물론 아직도 과제는 남아 있다. 15세 학생 5명 중 1명이 아직도 초등학교 수준의 문해력을 갖추고 있지 못하다. 학력 수준과 부모의 사회·경제적 지위 간 상관관계가 여전히 강하게 남아 있다. 이주배경 학생 사이에서 나타나는 격차도 해결 과제다. 이주 양상에 따른 학생 간 차이가 존재하고 있다.

2018년 피사 학력조사를 보면, 이주한 부모 모두 독일어가 모국어가 아니지만 독일에서 태어난 학생의 경우 문해력 점수가 477점이다. 부모 중 한 명의 모국어가 독일어이며 독일에서 태어난 학생의 문해력 점수는 497점이었다. 그러나 모국어가 독일어가 아닌 부모와 독일로 이주한 학생, 즉 독일에서 태어나지 않고 이주 이후에 독일어를 배우는 학생의 문해력 점수 평균은 405점에 그쳤다. 이에 대응하여 독일 연방교육부와 주정부들은 공동으로 「학교가 강하게 만든다(Schule macht stark).」 사업을 전일제학교 틀 안에서 시행하면서 부모의 배경에 따른 학력 격차 해소를 위한 지속적 노력을 하고 있다.[14)

다. 아동정책으로서 전일제학교

계층 간 교육격차가 교육정책 자체의 한계에서만 발생하지 않음은 이제 자명한 사실이 되었다. 부모의 경제·사회적 지위에 따른 아동 성장 환경의 차이가 복지국가에서도 점점 확대되는 현실에 대한 우려의 목소리가 커지기 시작했다. 예를 들어, 부르디외(Bourdieu)는 이미 1970년대에 학교 환경이 하층계급(lower social strata) 아동에게 불이익을 주는 구조로 바뀌었으며 따라서 정책의 초점이 교육 그 자체보다 아동

---

14) 「학교가 강하게 만든다(Schule macht stark).」 홈페이지
https://www.schule-macht-stark.de/de/home/home_node.html

의 출생 가족 안으로 돌려져야 한다는 주장을 하였다 (Bourdieu, 1977).

소득이 낮으면서 한부모나 이주배경이 있는 가족과 중산층 부모가족을 비교해 보면 성장 과정에서 자녀에 대한 투자 규모나 질적 양상이 매우 다르게 나타나며 그 차이가 점점 커지고 있다. 아동정책 차원의 개입이 이루어지지 않는다면 그 격차는 계속 확대될 것이며 그 결과는 교육정책과 노동정책에서도 여실히 나타날 수 있다(Esping-Andersen, 2009:119).

"전일제학교는 사회정의(soziale Gerechtigkeit)를 실현하는 수단이다. 저소득층 아동, 이주배경 아동이 사회정의를 경험하는 장소가 전일제학교이다. 전일제학교를 통한 국가 개입이 없으면 지불 능력에 따라 부모가 방과 후 아이를 맡기는 장소가 변한다. 아이들이 받는 교육과 돌봄의 질이 부모의 능력에 따라 결정된다. 성장 과정의 아이에게 이렇게 다른 경험은 큰 영향으로 남는다. 저소득층 자녀는 자기가 성장하는 사회에 대한 부정적 경험을 어렸을 때부터 한다. 중산층 자녀는 자신보다 못한 환경에서 성장해야 하는 친구의 처지를 이해할 수 있는 경험을 하지 못한다. 이렇게 다른 성장 환경의 결과는 훗날 결국 사회에 돌아간다. 전일제학교는 부모의 사회·경제적 지위와 관계없이 공평한 출발을 할 수 있는 기회의 평등을 아동에게 보장하는 사회정의 실천 수단으로 이해할 수 있다."[15]

부모의 지불능력과 관계없이 한 공간에 모인 아이들이 같은 수준에서 양질의 점심식사를 한다. 오전에 담임 선생님이 내준 숙제를 친구와 함께, 오후 전일제교사의 지도를 받으면서 해결한다. 독서지도를 받으면서 책 읽기에 대한 흥미를 갖게 된다. 친구들과 함께 축구를 하면서 단체활동 경험을 한다. 부모가 지불할 능력이 없어서, 집에 가도 부모가 없어서 하지 못했던 그렇게 다양한 경험을 하면서 아동은 사회의 지속가능성을 보장해 주는 좋은 이세대로 행복하게 성장한다. 아동정책이 추구하는 중요한 목표를 전일제학교를 통해 도달할 수 있다.

라. 노동정책으로서 전일제학교

전일제학교는 노동정책으로서 중요한 의미를 갖는다. 여성 취업활동 증가에 따른 여성 노동력 활용은 저출산·고령화가 지속될 상황에서 인구부양 부담을 낮출 수 있는 수단으로서 중요하다. 고령화로 인하여 노인인구가 증가하는 반면, 저출산·저출생으로 인하여 취업활동 인구 규모가 감소하면 일정 규모의 취업활동 인구가 부양해야 할 비취업활동 인구 수가 상대적으로 많아진다. 일정 규모의 취업활동 인구의 비취업활동 인구 부양 부담 수준을 나타내는 지표가 인구 총부양비다.[16] 예를 들어 2060년 한국에서는 취업활동 인구 100명이

---

15) 스벤 터이버(Sven Teuber) 독일 라인란트-팔쯔 사회민주당(SPD) 트리어 (Trier) 시 위원장 인터뷰 - 2018년 2월 5일(월) 오전 10~12시.

16) 총 부양비 $= \dfrac{\text{0~14세 유소년 인구 + 65세 이상 인구}}{\text{15~64세 생산가능인구}}$

노인 등 비취업활동인구 130명을 먹여 살려야 한다는 식이다.

그런데 15~64세 생산가능인구 중에서도 실제 취업활동을 하는 사람들의 수가 많고 적고에 따라 총부양비의 질적 수준이 달라질 수 있다. 생물학적으로 인간의 나이를 바꿀 수는 없지만, 생산가능 연령대에서 가능하면 많은 사람들이 생산활동, 즉 취업활동을 하게 되면 해당 사회의 인구부양 부담은 줄어들게 된다. 따라서 저출산·고령화를 어느 정도 전제할 때, 전통적으로 취업활동을 하지 않았던 여성의 취업활동 증가가 인구부양 부담을 줄일 수 있는 방법이 될 수 있다.

그러나 여성 경제활동은 가족돌봄으로 인하여 중단되는 경우가 많다. 특히 독일처럼 전통적으로 '남성 부양자, 여성 전업주부'라는 성별역할분리규범이 강한 나라에서는 더욱 그러하였다. 여성의 경제활동은 남성 가장의 주소득을 보완하는 돈벌이 정도로 간주되었다. 따라서 남성과 여성의 경제활동 참가 수준은 커다란 격차를 보였다. 결혼과 출산은 여성 경제활동 중단(Erwerbsunterbrechung)[17]의 가장 중요한 요인으로 여겨졌다 (BMFSFJ, 2013:29).

1960년대 이후 지금까지 남성 경제활동참가율은 지속적으로 감소 추세를 보이지만 그래도 80% 이상 수준을 고수하였다. 반면 여성 경제활동참가율은 1950년대 말 47.1%로 나타났으며 이후 꾸준히 증가하였지만 1990년대에 와서야 60%를

---

17) 경력단절을 의미한다.

넘어서는 변화를 보였다.18)

여성 경제활동참여를 지원하기 위하여 독일사회는 사회적 돌봄시설 확대를 시작하였다. 우선 킨더가르텐(Kindergarten)으로 대표되는 아동돌봄시설 '키타'(Kindertagesstätte: Kita) 자리에 대한 법적 권리를 1996년부터 3세 이상 초등입학 전 모든 아동에게 보장하였다. 지자체는 지역 거주 3세 이상 미취학 아동을 모두 수용할 수 있는 킨더가르텐을 만들어야 하는 의무를 갖게 된 것이다. 만약 아이를 돌봐줄 사회적 돌봄 시설이 없기 때문에 부모가 사적으로 비용을 지불해야 할 경우 그 비용 부담을 지자체가 하게 되었다. 킨더가르텐 자리에 대한 법적 권리 보장의 의미다.

킨더가르텐 자리에 대한 법적 권리를 갖는 대상을 2013년부터 1~2세 아동으로 확대하였다. 출생 후 0세까지는 육아 휴직을 보장하여 부모가 직접 돌볼 기회를 주고, 1세부터 취학 전까지는 킨더가르텐 자리를 보장하는 영유아기 사회적 돌봄체계를 구축한 것이다. 전일제학교는 결국 1990년대부터 시작한 사회적 돌봄체계를 완성하는 마지막 단계로 이해할 수 있다(정재훈, 2020:55).

---

18) 관련 통계 ☞ 정재훈의 자료실
(https://blog.naver.com/wjdwogns4202/222843373105)

마. 가족정책으로서 전일제학교

전일제학교는 가족을 구성하는 촉매제 역할을 한다. 두 사람이 만나서 자녀를 출산하고, 성인이 미성년 자녀를 돌보는 생활공동체를 가족이라고 할 때, 여성 취업활동 증가는 독일 사회에서 가족 구성을 가로막는 저출산 현상으로 이어졌다. 취업여성에게 '취업 혹은 가족' 중 하나만을 선택하도록 강요했던 사회구조가 있었기 때문이다. 노동하는 시간 동안 자녀 돌봄을 맡아주는 어린이집이나 유치원 같은 사회체계가 충분치 않다면 전통적으로 돌봄을 담당해 온 여성 입장에서는 선택의 기로에 서게 된다. 사회가 이런 선택을 여성에게 강요한 결과가 저출산 현상이다. 아이를 낳고 전업주부의 길을 걷는 것보다 나 자신의 경력을 택하게 된다. 이렇게 여성의 경제활동 참여가 증가할수록 나타나는 저출산 현상은 서유럽 복지국가에서 1970년대 이후 공통적으로 나타났다. 여성 취업이 증가할수록 저출산이 심화되는 현상, 즉 여성 고용율과 출산율이 반비례하는 현상이다.

그런데 어느 순간 여성 취업활동이 증가함에도 불과하고, 즉 여성 고용율이 높아지는데 출산율도 함께 높아지는 현상이 나타나가 시작하였다. 출산율과 여성 고용율 간 관계가 반비례하다가 어느 정도 비례하는 상황이 벌어진 것이다. 이를 출산율과 여성 고용율의 U자형 관계라고 말한다. 모든 서유럽 복지국가에서 나타난 현상이다. 여기에서는 대표적으로 영국,

프랑스, 스웨덴, 독일 상황을 그래프로 제시하였다. 출산율이 여성 고용율 증가와 더불어 감소하면서 바닥(최저 출산율)을 친 후, 다시 고용율 증가와 양의 상관관계를 가지면서 위로 올라가는 상황이다. 이를 마치 계곡의 밑으로 내려갔다가 다시 올라온다는 의미에서 '이행의 계곡'이라고 부른다(정재훈,2020:7).

그림 7 이행의 계곡: 여성 고용률과 합계출산율 간 관계

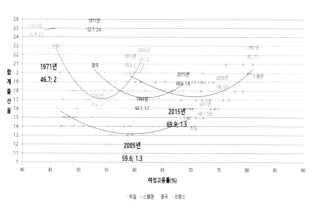

자료: 1970년 ~ 2015년 고용율과 합계출산율 간 관계. 성평등 노동시장의 확대
「OECD Data, https://data.oecd.org/pop/fertility-rates.htm,
http://stats.oecd.org/viewhtml.aspx?datasetcode=ALFS_SUMTAB&lang=
en#」을 토대로 재구성.

이러한 변화가 그냥 일어난 것은 아니었다. 각국 별로 먼저 여성이 취업을 해도 일·가정양립을 할 수 있는 사회적 돌봄체계와 가족친화경영 기업의 확대가 있었다. 그 후 일·가정양립이 여성 뿐 아니라 남성의 과제도 되는 변화가 일어나면서 임신·출산·돌봄이 더 이상 여성의 경력단절이나 임금 저하로 이어지지 않고 남성과 함께 하는 '성평등 돌봄' 규범이 자리를 잡았다. 아이를 낳아도 일방적으로 나만 손해를 볼 수밖에 없다는 여성의 불안이 사라지면서 각국에서 다시 아이울음 소리가 커지기 시작하였다.

독일의 경우 1971년 여성 고용률이 46.7%일 때 합계출산율은 2.0이었다. 여성고용율이 59.6%로 상승한 2005년까지 합계출산율은 1.3까지 내려갔다. 그러나 2007년을 계기로 가족정책 목표가 아빠의 돌봄참여와 사회적 돌봄체계 확대, 가족친화기업경영 지원 등으로 뚜렷하게 변화한 이후 여성 고용률 상승과 합계출산율이 동반 상승 추세를 보였다. 특히 전일제학교는 킨더가르텐 자리의 법적 보장과 더불어 사회적 돌봄체계 확대에서 중요한 요소로 등장하였다. 저출산의 밑바닥을 치고 위로 올라가는 '이행의 계곡'을 독일이 경험하도록 만든 사회적 돌봄체계 중 하나로서 전일제학교를 빼놓을 수 없는 이유 중 하나이다.

3. 전일제학교 도입 및 확대 과정

전일제학교 도입 및 확대 과정

전통적으로 독일은 몇몇 사례를 제외하고 오전수업만 하는 학교 방식을 초중고 모든 교육 과정에서 고수하였다. 학교에서 하루 종일 공부하는 한국 학생들의 모습이 종종 독일 언론에서 흥미진진한 뉴스거리가 되곤 하였다.[19] 특히 동독과 체제경쟁을 하던 1980년대까지 전일제학교는 학생들에게 전체주의적 사고를 주입하는 나쁜 방식으로까지 여겨졌다. 전일제학교에 독일 대중은 무관심했거나 적대적 생각을 갖고 있었다. 그런데 어떤 일이 있었기에 전일제학교가 독일에서 주목받고 중요한 정책 영역으로 등장하게 되었나?

---

19) 16 Stunden am Tag lernen
   https://www.sueddeutsche.de/bildung/abitur-in-suedkorea-16-stunden-am-tag-lernen-1.1226457

가. 전일제학교의 시작

'0의 시간(Stunde Null; Zero Hour)'이라는 표현이 있다. 원점, 즉 제로에서 다시 시작한다는 의미인데, 제이차세계대전 패전 직후 1945년 5월 8일 이후 독일의 상황을 묘사한다. 나치 시대의 틀을 벗고 "완전히 새로운 출발을 해야 한다 혹은 할 수 있다."는 의미를 담은 '0의 시간'이었지만 전일제학교와 관련해서는 전혀 변화가 없었다. 지도자(Führer)로서 히틀러를 절대적으로 추종해야 하는 전체주의적 교육과는 결별하였지만 반일제학교의 전통은 그대로 이어졌다. 물론 변화가 없었던 것은 아니다. 변화를 불러온 요인 중 하나가 노동운동에서 요구한 노동시간 단축이다. 전일제학교에 대한 사회적 관심이 등장한 또 다른 이유로는 제이차세계대전이 가져온 폐허를 딛고 일어서기 시작한 독일사회의 흐름에서 찾을 수 있다.

1) 노동시간 단축과 전일제학교의 등장

노동시간 단축은 노동운동을 주도했던 금속·전기산업(Metall- und Elektroindustrie) 분야에서 먼저 실시하고 다른 분야로 파급되는 양상을 보였다. 19세기 말 주72시간이 기본이었던 노동시간은 1900년에 주6일제 60시간으로 줄어들었다. 1918년에는 하루 8시간 노동이 도입되었으며 주당 노동시간도 48시간이 되었다. 한국전쟁 특수가 발생하고 미국의 경제부흥지원계획인 마샬플랜(Marshall Plan)에 힘입어 경제가 급속히 발전하기 시작한 1950년대에 들어서 주5일제 노동에 대한 요구가 본격화되었다. 독일노동조합총연맹(DGB)이 당시 내걸었던 "토요일에 아빠는 나와 함께(Samstags gehört Vati mir)"라는 구호는 주5일 40시간 노동 요구의 상징이라고 할 수 있다. 1956년 주5일제가 시범 도입되었으며 1960년대에는 인쇄산업(Druckindustrie)과 금속산업(Metallindustrier) 분야 등에 정착하였다(Strawe, 1994).

주5일제 노동이 가져온 중요한 변화로서 교사들도 토요일에 출근하지 않기 시작하였다. 학교의 토요일 수업이 사라진 것이다. 그런데 토요일 등교가 사라지면서 단축된 수업 시간을 보완할 필요성도 생겨났다. 모자라게 된 수업 시간을 주중 오후 시간을 통해 새롭게 구성하려는 시도를 한 당시의 대표적 전일제학교로서 카쎌(Kassel)의 칼-숌부르크 레알슐레(Carl-Schomburg Realschule)가 있다. 1957년 9월 학기부터 주5일 수업에 더하여 주중 오후수업을 하는 모델을 만든 것이다.[20] 전통적 교과목으로서 독일어, 문학, 역사가 아니라 오후 수업 시간을 독서, 체육, 놀이, 조립, 기타 취미 활동 등으로 구성하였다. 이렇게 학교를 생활공간으로 삼아 학생이 하루 종일 학교에 머문다는 의미에서 하루생활학교

---

20) 칼-숌부르크 레알슐레 홈페이지.
http://www.css-kassel.de/images/Dokumente/Carl-Schomburg-Schule_Ganztagskonzept_pdf.pdf

(Tagesheimschule)라는 명칭을 붙이기도 하였다.

하루생활학교 개념으로 1950년대 말 또 하나의 대표적 사례를 함부르크(Hamburg)에서 찾을 수 있다. 1959년 개교한 예니쉬 김나지움(Ganztagsgymnasium Jenisch)이다. 전일제학교 모델로서 여섯 명의 아버지들이 자발적으로 주도한 '생활공간으로서 학교(Schule als Lebensraum)' 만들기 프로젝트의 결과이다. 아동의 눈높이에 맞춘(kindergerecht) 종일 교육과정을 제공하는 사립학교였다. 부모들의 자녀교육에 대한 관심이 기존 공교육 체계와 다른 학교 유형으로서 아이들이 하루 종일 생활하면서 성장하는 공간으로서 학교로 이어진 것이다. 학교 명칭을 이런 의미에서 1962년에는 예니쉬-김나지움 하루생활학교(Tagesheimschule)로 변경하기도 하였다. 1990년 학교 명칭을 전일제학교(Ganztagsschule) 예니쉬-김나지움으로 바꾸어 현재까지 사용하고 있다.21)

2) 시대적 요구로서 전일제학교에 대한 관심

대세라고 보기는 어렵지만, 전일제학교에 대한 사회적 관심이 등장한 배경으로서 가족문제를 해결할 수 있는 전일제학교의 가능성이 있었다. 제이차세계대전은 수많은 가족에게서 아버지를 빼앗아 간 전쟁이기도 하였다. 전장에서 사망한

---

21) 예니쉬 김나지움 홈페이지.
https://www.ppg-schulen.de/jenisch/chronik

독일군 수만 530만 명이 넘었으며 그로 인하여 120만 명의 전쟁미망인이 생겼다. 아버지를 잃은 자녀수도 250만 명에 이르렀다(Seegers, 2013). 가장의 전사로 인하여 120만 여성 한부모와 250만 명의 자녀들이 생겨났다는 의미다. 여기에 더하여 소련에 포로로 끌려갔던 330만 명 중 130만 명이 포로 생활 중에 사망하였으며 나머지 200만 명의 귀환도 1956년에야 완전히 종결되었다. 전쟁 중 사망하거나 장시간 포로 생활로 인한 아버지의 부재로 수많은 한부모 가족이 생겨났다고 볼 수 있다.

2000년대에 들어서 독일의 한부모 수가 해마다 200~250만 명 수준을 유지하는 상황[22]과 비교할 때 '부부-자녀'로 구성되는 정상가족 이데올로기가 강했던 1950년대 당시 한부모 가족 규모가 주는 사회적 충격이 얼마나 컸는지 짐작할 수 있다. 1953년 연방 가족문제부(Bundesministerium für Familienfragen)가 출범한 주요 배경이기도 하다.

전일제학교 찬성론자들은 전쟁의 여파로 발생한 '가족해체' 문제에 대응하는 시기적절한(zeitgemäß) 대안이며 다양한 해결 방안을 만들어 주는 요람으로서 전일제학교에 주목하였다. "현대의 가족은 더 이상 사회교육적 능력을 갖고 있지 않다. 이런 변화에 대응하기 위하여 전일제학교를 도입해야 한다. 학교는 더 이상 지식전달(Wissensvermittlung)에 갇혀 있어

---

22) https://de.statista.com/statistik/daten/studie/318160/umfrage/allein erziehende-in-deutschland-nach-geschlecht/

서는 안된다(Weigelt,1957; Mattes,2015:51에서 재인용)."

아버지의 부재는 어머니의 취업활동으로 이어진다. 엄마가 나가서 돈을 벌어야 하기 때문에 학교가 끝난 후 집에 혼자 남아 있어야 하는 이른바 '열쇠아동(Schlüsselkind)'[23]을 소비사회의 유혹과 길거리 위험으로부터 어떻게 보호해야 하는지에 대한 교육학적 관심이 전일제학교로 이어지기도 하였다. 전일제학교가 있다면 '열쇠아동'들이 방과 후에도 비좁고 더러운 방구석과 온갖 유혹과 위험이 도사리는 길거리에서 빠져나와 학교에서 놀고 공부하면서 지식을 얻고 갈등해결능력을 키우며 공동체 의식을 갖는 가능성을 키울 수 있다고 본 것이다(Wenke,1958:15).

결국 전일제학교는 '해체가족'을 중심으로 발생할 수 있는 아동의 비교육적·비복지적 상황을 해결하는 중요한 수단으로 인식되었다. 또한 청소년 범죄를 예방하는 효과에 대한 기대도 나타냈다. 1950년대 말 당시 베를린-템펠호프(Berlin-Tempelhof) 교육감(Bezirkschulrat)이었던 칼-하인쯔 에버스(Carl-Heinz Evers)는 "부모의 취업활동을 국가가 금지시킬 수 없을 바에야 하루생활학교(Tagesheimschule)를 만들어야 한다. 초등학교부터 아이들이 방치되는 위험을 예방하는 것이 나중에 거리의 난동(Halbstarkenkrawalle)에 당황하고 청소년교도소를 만드는 것보다 훨씬 낫다."는 주장도 하였다.

---

23) 엄마가 일하러 나갔기 때문에 학교가 끝난 후 아무도 없는 집을 혼자 열고 들어가야 하는 아동을 지칭하는 용어다.

나. 주변으로 밀려난 전일제학교

몇몇 사례가 있었지만 토요일 수업이 사라진 대안으로 주중에 오후수업을 하려는 변화는 전반적으로 나타나지 않았다. 교사와 학부모 단체, 사회과학 분야 전문가, 의사, 교회 등 아동 성장 및 교육 관련 다수는 전일제학교를 거부하는 분위기를 일관되게 이어갔다. 오후까지 학교에 오래 머물 경우 아동의 신체적 성장·발달에 해로울 것이라는 의사들의 주장과 이에 대한 학부모들의 동조가 있었다. 업무 부담 증가를 우려한 교사들도 전일제학교 도입에 반대하였다. 전일제학교 도입 및 확대에 따르는 예산 증가도 반대 요인 중 하나였다 (Mattes, 2015:52). 그러나 무엇보다 전일제학교는 나치 시대를 거치면서 잃었던 전통적 가족 가치를 유지하고자 했던 사회적 열망에 역행하는 제도이었으며 동독 사회주의 체제에서나 찾아볼 수 있는 획일적 교육의 산물로 여겨졌다. 학생들을 하루 종일 학교에 가둬두고 획일적 인간으로 교육하는 동독과 달리 자유로우며 개인의 자유와 창의력을 존중하고 자녀교육 주체로서 가족의 가치를 강화함으로써 서독이 더 우월한 체제임을 증명할 필요가 있었다.

1) 독일사회의 전통적 가치와 전일제학교

교사나 학부모, 교육 당국 등 이해관계 집단의 반대보다 더 중요한 양상은 시민적 가치(bürgerliche Werte)를 수호하려는 독일사회의 일반적인 분위기였다. 독일사회 자체가 자칫 나치 시대를 거치면서 상실할 뻔 했던 시민적 가치로서 자유(Freiheit), 개별성(Individualität), 자기책임(Selbstverantwortung), 가족(Familie), 부모성(父母性, Elternschaft), 아동성(兒童性, Kindheit)을 파괴할 수 있는 가능성을 전일제학교가 갖고 있다는 인식이 지배적이었다(Mattes,2015:53). 전일제학교 운영 방식 자체가 아동으로 하여금 어렸을 때부터 강제에 순응하는 태도를 배우게 할 위험성을 내포하고 있다는 점에서 자유와 개별성에 대한 위협 요소로 받아들여졌다. 부모가 돌봐야 할 아동을 학교에 맡김으로써 가족의 전통적 가치를 위협하고 무책임한 부모를 만들어낼 것이라는 우려도 컸다. 독일사회의 기본토대로서 가족이 그렇게 붕괴된다면 이는 곧 사회의 붕괴로 이어질 것이라는 불안감도 조성되었다. 이러한 불안감의 뿌리를 나치 시대 경험에서 찾을 수 있다.

사적영역으로서 가족에 대한 국가의 극단적 개입을 가능케 했던 나치 시대 국가사회주의(Nationalsozialismus)에 대한 기억이 전일제학교와 연결되는 경향이 있었다. 아동교육의 원천으로서 가족의 중요성에 공감하는 많은 부모들이 국가사회주의 시대에 잃었다가 되찾은 부모의 권위와 아동교육에 대한 영향력을 다시 국가에 뺏길 수 있다는 우려의 근거를 전일제학교의 단일화된 공동체양육(Einheits-und Gemeinschaftserziehung) 정신에서 찾은 것이다(Hagemann, 2009:228).

1957년 말 개신교 주일뉴스(das Evangelische Sonntagsblatt)에 나온 글이다. "우리는 전일제학교를 어린이에 대한 치명적인 공격으로 간주한다. 전일제학교는 아이들을 학교 안에 가두어두고 아무것도 보거나 경험하지 못하게 한다. 전일제학교가 생긴다면 아이들은 가족의 점심 메뉴를 만들고 일주일 동안 자신이 즐길 자유 시간과 숙제를 스스로 책임지며 부모와 함께 시간을 보낼 수 있는 기회를 잃을 것이다. 전일제학교라는 사탄은 부모의 게으름을 없애지 못할 뿐 아니라 오히려 아이 돌봄 책임을 이행하지 않는 부모의 양심만 위로하게 될 것이다(Mattes, 2015:53)."

전일제학교가 도입된다면 동화를 읽어주고 먹을 것을 만들어주며 왜 꽃이 그렇게 시들었는지 자세히 설명해 줄 엄마를 잃어버릴 것이라는 주장도 우세하였다. 아이와 함께 산책하면서 이런저런 것들을 보여주고 공놀이를 함께 하는 아빠도 사라질 것이라는 우려가 공감대를 형성하였다. 특히 스스로 아이들을 위한 오후 시간을 조직할 금전적, 정신적, 지적 능력이 있는 중산층에서 그러한 주장과 우려가 폭넓게 제기되었다. 자유가 사라지고 통제만 남은, 개인의 발전이 사라지고 획일화만 남은 전일제학교라는 관점(Dern, 1955:177)이 설득력 있게 조성되었다.

중산층적 가치 뿐 아니라 저소득층이나 한부모의 생활 현실도 전일제학교 반대 이유로서 한 몫을 하였다. 아동이 갖는 노동력으로서 가치가 컸기 때문이다. 저소득층·한부모 가족 아동은 청소, 장보기, 요리와 같은 가사노동을 함께 하는 중요한 가족 구성원이었다. 특히 농촌지역의 경우에는 농사일을 함께 거드는 보완적 노동력으로서 아동의 가치가 매우 높았다. 중산층의 경우 사실상 엄마의 가사·돌봄노동을 통해 "내 아이를 내가 키운다."는 가치를 중요시했다면, 저소득층·한부모 가족 입장에서는 전일제학교로 인하여 집안일을 도와줄 노동력이 사라진다는 현실적 이유가 전일제학교에 부정적 인식을 형성하는 요인이 되었다(Mattes, 2015:55).

2) 체제경쟁과 전일제학교

1949년 독일연방공화국(Die Bundesrepublik Deutschland: BRD)과 동시에 건국한 독일민주공화국(Die Deutsche Demokratische Republik: DDR), 즉 동독은 국민의 기본적 생존을 보호(Fürsorge) 해주는 대가로 구축된 독재(Diktatur)국가였다. 보호독재국가(Fürsorgediktaturstaat)로서 동독을 상징적으로 보여주는 사례를 서독의 대중은 전일제학교에서 찾았다(Jarausch, 1998:265).

'보호'는 양육(Erziehung), 수발(Pflege)을 비롯하여 개인이 필요로 하는 도움을 사람이 제공하는 행위이다. 개인의 필요와 욕구에 따라 '보호'의 양상은 다양하다. 긴급하거나 어려운 상황에서 개인을 보호하기 위하여 국가와 사회가 만든 공적체계를 '사회'서비스라 한다. 개인적 욕구와 집합적 도움이 만나는 지점에서 사회서비스가 만들어지는 것이다. 자본주의체제에서는 개인의 욕구를 충족시키는 서비스를 사회서비스로 해야 할 지, 한다면 어느 정도 수준에서 사회적 개입이 있고 개인 책임(자기 부담)이 따라야 할 지 등을 사회정책적 논쟁을 거쳐 결정하는 반면, 사회주의체제에서는 사회서비스 제공을 사회주의적 윤리 차원에서 당연히 국가가 제공하는 것으로 보았다. 이른바 사회주의의 윤리적 요구(ethische Anspruch des Sozialismus)로 여기는 것이다(Schmid, 1994:8).

사회주의의 윤리적 요구에 따른 보호가 갖는 한계가 있다. 통제와 감시, 보호의 방법과 종류와 관계없는 순응이었다. 귄터 그라스(Günter Grass)가 독일 통일 과정을 모티브로 쓴 소설 '넓은 들(Ein weites Feld)'에서 "너희들의 보호는 미행 그 자체였다(Eure Fürsorge hieß Beschattung)."라고 표현했듯이 동독의 보호독재 체제는 정치적 억압과 획일화에 순종하는 사회주의적 인간을 요구하였다. 전일제학교와 동일시할 수 있는 동독체제 학교에서의 전일제돌봄(Ganztagsbetreuung)은 그러한 사회주의적 인간을 만들어내는 과정이라는 인식이 서독사회를 지배했다. 히틀러 정권 당시 '히틀러 청소년(Hitlerjugend)'에 견줄 수 있는 국가 청소년(Staatsjugend), 획일적으로 정상적인 인간의 대량생산(Massen-und Normaltyps von Mensch)의 그림자를 본 것이다(Mattes, 2015:59).

전일제학교는 독일사회의 중요한 시민적 가치를 저해할 뿐 아니라 정상적 가족규범을 위협할 수 있는 가능성을 동독의 교육체계에서 찾았다. 동독 사회주의체제는 국가적 과제로서 모든 아동의 온종일 사회적 돌봄을 내세웠다. 영유아기를 지나 아동·청소년기를 지나는 과정에서도 가능한 학교에 오래 머물고 단체생활을 하면서 사회주의적 인간으로 성장하는 교육을 지향하였다. 학교생활의 연장으로서 자유독일청소년단 (die Freie Deutsche Jugend: FDJ)은 사회주의교육의 산실이었다. 이에 대응하여, 자녀양육과 교육을 국가가 책임지는 사회주의적 보호독재체제와 맞서는 우월한 가치와 체계로서 돌봄·교육의 주체가 되는 가족의 역할을 서독사회는 중요시한 것이다. 따라서 전일제학교가 서독사회 다수 대중의 공감대를 얻기는 어려웠다. 동서 냉전 체제에서 전일제학교는 주변적 주제에 머물렀다. 1969년을 기준으로 할 때 서독 지역 3만5천여 개 학교 중 54개의 전일제학교가 있을 뿐이었다 (Mattes, 2015:82).

3) 여성 취업에 대한 부정적 인식

여성의 취업, 특히 유자녀 여성의 사회 참여를 바라보는 독일사회의 시각은 대체로 부정적이었다. 자본주의적 소비사회에서 물질적 욕망을 충족시키기 위하여 엄마가 아이를 집에 두고 밖에 나가서 돈을 번다는 식의 편견이 있었다. 물질적으로 풍요로운 사회에서 더 많은 소비를 하기 위해서는 돈이 필요하고 그

돈을 마련하려면 아빠의 노동만으로 부족하기 때문에 "여자들이 돈 벌러 나간다."는 주장이다. 혹은 저소득층 가족의 경우 아빠의 소득만으로 생활 형편이 나아질 수 없기 때문에 "엄마가 할 수 없이 일하러 나간다."는 인식이다. 전자는 '정당화되지 않은, 소비를 위한 엄마의 경제활동(illegitime konsumistisch motivierten Müttererwerbstätigkeit)'이고 후자는 '엄마의 합당한 경제활동(legitime Müttererwerbstätigkeit)' 이다(Mattes, 2015:58).

이러한 인식에 기초할 경우 전일제학교 도입은 하지 않는 것이 바람직하거나, 하더라도 저소득층 아동 중심으로 하면 되는 것이었다. 아이의 성장 과정에서 부모 특히 엄마의 역할이 중요하기 때문에 엄마가 아이와 함께 할 수 있는 오후 시간을 가족으로부터 빼앗는 결과를 전일제학교가 가져올 것이라고 보았다. 따라서 오후 돌봄이 엄마가 '어쩔 수 없이' 나가서 일해야 하는 한부모가족이나 저소득층 대상 아동을 대상으로 필요할지 모르지만 중산층 자녀의 돌봄과 교육은 엄마가 맡도록 해야 한다는 인식이 지배적이었던 것이다.

다. 중심 주제로 떠오른 전일제학교

역사적으로 주변 주제에 머물렀던 전일제학교가 독일사회의 관심사로 등장하게 된 배경에는 교육환경, 가족 관계에 대한 인식, 정치 지형 등에서 일어난 변화가 있다. 1990년대 등장한 '20대 80 사회'가 상징하는 계층 간 격차의 심화, 여성 사회 진출 확대에 따른 가족 내 돌봄공백의 상시화, 정치 지형의 변화 등이 전일제학교 확대의 토대가 되었다.

1) 교육환경의 변화

난민·이주민 등 외부 인구유입이 가속화된 2000년대에 들어 독일어와 독일문화에 익숙하지 않은 다문화 가족 수가 증가하고 이에 따른 계층 간 아동의 학력격차 문제가 불거져 나왔다. 인문계 고등학교 격인 김나지움(Gymansium) 과정을 9년에서 8년으로 단축한 교육과정 개편도 전일제학교에 대한 관심 확대의 계기가 되었다.

1990년 독일 통일을 전후로 동구 공산권 블록의 몰락이 시작되었다. 냉전시대의 종말을 알리는 이러한 변화는 독일이 갖는 지정학적 위치의 의미를 크게 바꾸어 놓았다. 동서냉전 대치 상태에서 동유럽에 대한 서유럽의 국경 역할을 하던 독일이 갑자기 서유럽과 동유럽을 잇는 유럽의 중심지가 된 것이다. 이러한 변화는 외부인구 유입의 증가로 이어졌다. 1990년 전체 인구에서 5.6%, 600만명이 채 안되면 이주배경 인구가[24] 2005년에는 1천4백만 명 이상으로 급증하였다.

---

24) 독일 시민교육청(Bundeszentrale für politische Bildung) 홈페이지
   출처: https://www.bpb.de/kurz-knapp/zahlen-und-fakten/soziale-
   situation-in-deutschland/61622/auslaendische-bevoelkerung.

15년 사이에 약 800만명이 증가한 것이다. 당시 전체 인구에서 이주배경 인구가 차지하는 비율은 17.6%였다. 1990년과 비교할 때 3배 이상의 증가 추세이다. 그런데 2018년 현재이주배경 인구 규모는 2천만 명에 다가서고 있다. 약 8천만명 독일인구의 24%를 차지하는 수준이다. 독일에 사는 사람5명 중 1명은 이주배경을 갖는 셈이다.

그림 8 이주배경 인구 규모 변화 추이

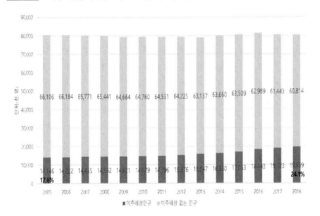

출처: 「독일통계청(Statistisches Bundesamt), 인구센서스 결과」를 토대로
재구성.25)

2020년 5월 18일.

25) 출처: https://www.destatis.de/DE/Themen/Gesellschaft-Umwelt/Bevoe
lkerung/Migration-Integration/Tabellen/liste-migrationshintergrund-
geschlecht.html. 2019년 8월 26일.

독일 땅에 사는 사람들 5명 중 1명이 이주배경을 갖고 있는 상황은 이주배경 아동 수 증가로 이어진다. 2018년 현재 부모와 한지붕 아래서 사는 아동(Kinder) 수가 약 1천914만 3천명이다. 그 중 이주배경 아동 수는 726만4천명이다. 아동 중 이주배경 아동이 차지하는 비율이 37.9%로서, 5명 중 2명 인 셈이다. 이주배경 아동 중 독일 국적자는 495만8천명이며 이들 중 34만6천명이 독일에서 태어나지 않은, '이주경험 있는' 아동이다. 이주배경 아동으로서 외국 국적자 230만5천명 중 절반이 넘는 134만4천명 역시 외국에서 태어나 독일로 이주한 경험을 갖고 있다.

독일어가 모국어가 아닌 외국인 부모 자녀이면서 독일에서 태어나지도 않은 아동 수의 증가는 교육 현장에서 새로운 도전 요인이 된다. 독일어 학습 환경은 물론이고 독일사회에 적응할 수 있는 조건을 부모가 만들어주기에 상대적으로 더 불리한 조건에 이주경험·외국국적 아동이 처해 있기 때문이다. 독일어와 독일문화에 익숙하지 못하고 소득도 낮은 부모·가족이 제공하지 못하는 교육 환경을 결국 학교가 제공해야 하는 과제가 생겨난다.

표 1 이주배경 아동 규모와 국적 보유, 이주경험 실태

(2018년, 단위: 천명)

아동 전체	이주배경			
19,143	7,264			
	독일 국적		외국 국적	
	4,958		2,305	
	이주경험 있음	이주경험 없음	이주경험 있음	이주경험 없음
	346	4,612	1,344	961

출처: 「독일통계청(Statistisches Bundesamt), 인구센서스 결과」를 토대로 재구성.[26]

연령대 별로 이주배경 아동 현황을 보면 그러한 과제의 필요성은 더욱 뚜렷해진다. 4세 이하 아동 약 400만 명 중 이주배경가족 아동 수는 독일 국적자와 외국 국적자를 모두 합쳐 159만8천명이다. 해당 연령대 아동의 40%에 해당하는 수준이다. 5세에서 9세, 10세에서 14세 연령 대 아동 중 이주배경 아동 비율 역시 40%에 달하는 수준을 보인다. 영유아기와 아동기에 걸쳐 독일어를 기반으로 하는 교육 환경을 제공해 주기 어려운 가정에서 성장하는 아동이 한 교실에 10명 중 4명 정도 있다는 추론이 가능한 상황이다.

---

26) 출처: https://www.destatis.de/DE/Themen/Gesellschaft-Umwelt/Bevoelkerung/Migration-Integration/Tabellen/liste-migrationshintergrund-geschlecht.html. Zugriff am 26.8.2019.

표 2 연령 별 이주배경 아동 규모(2018년)

연령	이주배경 없음	이주배경 있음	
		독일 국적	외국 국적
4세 이하	2,361	1,078	520
5세 이상 ~ 9세	2,280	1,015	507
10세 이상 ~ 14세	2,267	1,008	464

출처: 「독일통계청(Statistisches Bundesamt), 인구센서스 결과」를 토대로 재구성.[27]

이러한 변화는 아동의 학력 수준에 그대로 반영되었다. 경제개발협력기구 회원국(OECD) 아동·청소년의 학력수준을 평가하는 피사(PISA: Programme for International Student Assessment) 조사를 처음 실시했던 2000년대 초 당시 독일 사회는 충격적인 결과를 마주해야만 했다. 2000년 피사(PISA) 조사는 경제개발협력기구 회원국 중 독일학생의 문해력 수준이 최하위권에 머물고 있음을 보여줬다. 뒤에서 5등이었다. 이렇게 낮은 학력수준이 계층 간 격차의 결과를 시사한다는 점이 더욱 충격적이었다. 부모의 사회적 지위와 소득·자산 수준이 학생의 학력수준으로 이어지고 극심한 학력

---

27) 출처: https://www.destatis.de/DE/Themen/Gesellschaft-Umwelt/Bev oelkerung/Migration-Integration/Tabellen/liste-migrationshintergrun d-geschlecht.html. Zugriff am 26.8.2019.

수준 격차가 독일학생 전체의 낮은 학력수준으로 나타나는 현상을 확인하였다(Opielka, 2004:203). 중(中)정도 수준 문장 이해력에 있어서 고소득층·저소득층 자녀 간 차이가 조사 대상국 중 독일에서 제일 크게 나타났다. 반면 학력수준이 높게 나온 한국 등 국가에서는 학생들이 학교에서 점심을 먹고 오후시간에도 머무르는 의미에서 전일제학교가 보편화되어 있다는 주장이 주목을 받았다.[28]

피사(PISA) 학력조사 결과가 보여주는 계층 간 아동의 학력격차는 전후 독일형 복지국가, 즉 사회국가(Sozialstaat)가 추구해 온 '민주적 교육에 기반한 공평한 교육기회 보장'이라는 목표를 달성하지 못했다는 사회적 반성을 가져왔다. 특히 도시 지역의 이른바 '사회취약지역(sozialer Brennpunkt)' 내 학교 이주배경 학생들의 낮은 학력수준을 높이기 위한 지원 프로그램(Förderprogramme) 도입 요구가 거세지면서 '학교 기반 종일서비스(schulische Ganztagsangebote)(Smolka, 2002:9)'를 실시해야 한다는 목소리도 높아졌다. 중산층 자녀들은 방과 후에 부모의 지도나 사교육을 통해 다양하고도 지속적인 배움의 기회를 가질 수 있는 반면, 저소득층·이주배경 자녀들이 사실상 방치되는 상황에 대한 사회적 관심이 높아진 것이다. 저소득층·이주배경 아동 대상 배움과 사회화, 사회통합의 기회를 학교를 무대로 하여 오후시간을 활용하여

---

28) Der Spiegel(2002), "Hier ist immer was los", Nr.24, S.68.

지속적으로 제공해야 한다는 차원에서 '학교기반 종일서비스' 개념이 등장했다고 볼 수 있다.

2000년대에 들어와 진행된 교육과정 개편도 전일제학교 도입에 대한 관심의 출발이 되었다. 오랜 시간 독일사회에서 당연시되었던 13학년제 인문계 고등학교, 즉 김나지움 (Gymnasium) 체제 개편이 시작된 것이다. 13학년까지 김나지움을 다닌 후 아비투어(Abitur) 29) 후 대학 진학을 하였는데, 김나지움 과정을 1년 단축하여 전체 12학년 체제가 된 것이다. 2002/03학년 함부르크를 시작으로 03/04학기 바덴-뷔르템베르크(Baden- Württemberg), 바이에른(Bayern), 브레멘(Bremen), 헤센(Hessen), 메클렌부르크-포어포메른 (Mecklenburg-Vorpommern), 니더작센(Niedersachsen)에서 김나지움 과정을 12학년에 마치도록 하는 교육과정 개편이 일어났다. 초등학교인 그룬트슐레(Grundschule) 4년 후 김나지움 과정만 9년이었는데, 8년이 된 것이다. 9년 과정을 8년으로 1년 단축한 만큼 교육내용을 보충할 수 있는 대안으로서 전일제학교에 주목하기 시작한 것이다.30) 기존 전일제학교 학생의 학력수준이 반일제학교 학생 학력수준보다 상대적으로 높다는 연구결과들에 대한 사회적 관심도 동시에 생겨났다(Klemm, 2014:4).

---

29) 김나지움의 졸업 시험
30) Der Spiegel(2001), "Schulen - Offensive am Nachmittag", Nr.11, S.90.

2) 가족 내 역할 규범의 변화

독일은 다른 서유럽 국가와 비교할 때 상대적으로 오랜 기간 동안 이른바 '정상가족' 규범을 유지한 국가다. '정상가족'은 「아빠 = 주소득자, 엄마 = 전업주부 내지 보완적 소득자, 자녀로 구성되는 가족이다. 이러한 정상가족 규범에 균열이 생기기 시작하였다.

우선 무자녀 가족·여성의 비중이 증가하기 시작하였다. 일단 자녀출산을 하면 두 명 정도 낳는 현상은 지속되고 있지만, 자녀 출산을 하지 않는 여성 비중이 2010년이 넘어서까지 지속적으로 증가하는 추세를 보였다(BMFSFJ,2017). 예를 들어 2016년을 기준으로 볼 때 1937년 출생 여성 중 무자녀 여성 비중은 11%이었으나 1967년생 여성 중 무자녀 비중이 21%까지 증가하기도 하였다. 무자녀 여성 비중은 대도시일수록 높고 농촌 지역일수록 낮았다. 함부르크 31%, 베를린 27%, 브레멘 26% 등 순서이었다. 2016년 당시 49세 이하 여성 중 무자녀 여성 비중은 평균 20% 수준을 보였다(BMFSFJ,2017:36).

무자녀 여성 중에서도 교육 수준이 높을수록 자녀출산을 하지 않는 경향이 동시에 나타났다. 1970년대 이후 독일이 다른 서유럽 국가에 비해 출산율이 낮았고 1990년대 독일 통일 이후에는 이른바 초저출산율의 기준인 1.3 이하의 출산율까지 보였으며 2000년대에 들어서도 1.4~1.5 수준의 낮은 출산율을 지속하고 있었던 주요인 중 하나가 고학력 여성의 출산기피 현상이었다. 2012년 현재 40~44세 여성 집단 중 전문대(Fachhochschule) 졸업 이상 고학력 여성 (Akademikerinnen) 중 무자녀 여성 비중은 30%이었다. 여성취업이 확대되는 양상을 보이는 가운데 가정과 경력 사이의 갈림길에서 고학력 여성을 중심으로 경력을 선택하는 여성이 늘어나면서 다른 서유럽 국가에 비해 뚜렷한 저출산 현상을 보였던 것이다(정재훈, 2020).

엄마로서 여성보다 자신만의 경력을 추구하는 여성의 이미지가 보편화되는 경향은 경제활동참가율에 있어서 여성과 남성의 차이가 줄어드는 양상으로 나타났다.

그림 9 여성과 남성의 경제활동참가율(%)

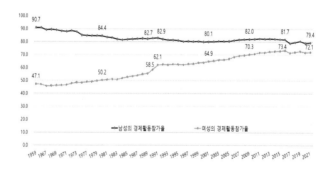

자료: 독일 통계청 홈페이지, 「Erwerbstätigkeit von Frauen」을 토대로 재구성.

1960년대 여성과 남성의 경제활동참가율은 50%가 안되는 수준과 90% 내외라는 큰 격차를 보였다. 1980년대 초반에도 여성의 경제활동참가율은 60% 내외 수준을, 남성의 경제활동참가율은 80%를 넘는 수준을 보였다. 이러한 격차가 2000년대에 들어서면서 좁혀지기 시작하였다. 2010년을 전후로 하여 여성 경제활동참가율이 70%를 넘어섰다. 2021년 현재 여성 경제활동참가율은 72.1%, 남성 경제활동참가율은 79.4%이다. 경제활동참가에 있어서 남녀 간 격차 감소는 '전업주부 = 여성'이라는 고정관념의 변화로 이어졌다. 부부의 맞벌이는 가족생활에서 당연한 일이 되었으며 엄마가 되고 난 이후에도 대다수 여성이 시간제 근무로 전환을 할 지언정 취업활동을 중단하지 않고 이어가는 경향을 보이고 있다(BMFSFJ, 2021:109).

자녀출생 직후 육아휴직을 집중적으로 하는 시기인 자녀연령 2세까지일 때 아빠 중 81%, 엄마 중 11%가 전일제근무를 한다. 이 시기에 시간제근무를 하는 아빠의 비중은 7%, 엄마의 비중은 27%이다. 자녀연령이 3~5세, 즉 초등입학 직전까지 킨더가르텐(Kindergarten)을 다닐 때 아빠 중 전일제근무를 하는 비율은 84%로 소폭 증가한다. 엄마 중 전일제근무 비율은 19%로 상승한다. 엄마 중 시간제근무자 비율은 0~2세 시기에 비해 두 배 수준의 상승세를 보인다.

그림 10 부모의 자녀연령 별 취업활동 형태

(단위: %)

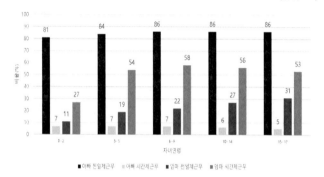

출처: 「Bund und Länder, Demografie Portal, Erwerbstätigenquote von Eltern 2020, https://www.demografie-portal.de/DE/Fakten/erwerbstaetigenquote-eltern.html」을 토대로 재구성.

　여성 경제활동참가율이 지속적으로 증가하여 남성과 차이를 거의 보이지 않게 되는 상황과 시간제근무를 하더라도 엄마의 경력단절이 생기지 않는 현상은 전업주부로서 여성을 중심으로 구성하는 전통적 가족규범에 균열이 생겼음을 나타내고 있다.

　코로나19 판데믹 위기가 지속되는 가운데 킨더가르텐과 초등학교가 폐쇄됨으로써 사회적 돌봄체계가 작동하지 않은 시기가 있었다. 그럼에도 불구하고 독일사회에서 엄마가 자녀 돌봄을 전적으로 맡아야 하기 때문에 직장을 그만 두어야 하는 상황은 오지 않았다. 코로나19 위기가 '아빠는 돈 벌고, 엄마는 돌보는' 부모 역할의 재전통화(Re-Traditionalisierung der Elternrolle)로 이어지지 않았다는 분석이다. 독일 가족여성부의 위탁을 받아 15세 미만 자녀를 둔 부모를 대상으로 실시한 알렌스바하 사회조사(Allensbach-Befragung) 결과이다. 오히려 기업은 부모의 재택근무 등 유연탄력근무를 비롯한 가족친화경영을 확대하였고 그 결과 아빠의 돌봄참여가 확대되는 등 부모 간 평등 돌봄이 실현되는 계기를 코로나19 위기가 가져왔다는 것이다(BMFSFJ,2021:21~23).

3) 전일제학교 관련 정치 지형의 변화

여성 사회진출 확대가 지속적 저출산으로 이어지는 현상에 대응하기 위하여 독일사회는 사회적 돌봄체계 구축에 관심을 돌리게 된다. 사회적 돌봄체계 구축보다 가족 지원 현금급여 중심 가족정책을 고수했던 흐름에서 벗어나는 변화 중 하나가 1996년부터 3~5세 어린이의 킨더가르텐 자리를 법적으로 보장하는 것이었다. 이러한 분위기에서 치른 2001년 라인란트-팔츠(Rheinland-Pfalz) 주의회 선거는 "모든 정당의 정치인들이 전일제학교를 선거운동 주제로 발견했다."[31]는 여론을 형성하였다.

---

31) "Politiker aller Parteien haben die Ganztagsschule als Wahlkampfthema entdeckt."
출처: Der Spiegel(2001), "Schulen – Offensive am Nachmittag", Nr.11, S.87.

2001년 선거에서 라인란트-팔츠 사회민주당(SPD) 대표이자 주지사였던 쿠르트 벡(Kurt Beck)이 「아이에게 더 좋은 교육 기회를, 엄마에게는 더 많은 취업 기회를 제공하여 가족을 행복하게 만드는 전일제학교」를 선거구호로 들고 나왔다. 한때 가족 몰락(Niedergang)[32]의 대명사로서 전일제학교를 보았던 보수진영에서도 전일제학교를 적극적인 가족정책 중 하나로 받아들이기 시작하였다. 전일제학교가 라인란트-팔쯔 주의 선거 이슈로 등장하면서 보수 중 가장 보수적인 지역이라고 여겨졌던 바이에른(Bayern) 주에서도 전일제학교를 주립학교와 김나지움에 도입하려는 계획을 발표하였다. 비슷한 움직임을 역시 당시에 보수 기독교민주연합/사회연합이 집권하고 있던 바덴-뷔르템베르크(Baden-Würtemberg) 주에서도 보였다.

'완전반일제학교(Volle Halbtagsschule)'라는 이름으로 1997년부터 초등학교 기반 오후 방과후 돌봄사업을 하고 있던 라인란트-팔쯔 주에서는 동 사업을 기반으로 하여 집권할 경우 전일제학교를 획기적으로 확대하겠다는 공약을 제시하였다. 재선할 경우 집권 4년간 연 5천만 유로, 모두 2억 유로 예산을 투자하여 2001년 라인란트-팔쯔 주 전체에서 6개였던 방과후 돌봄학교를 전일제학교로 재편하여 2006년 300개까지 늘리겠다는 계획을 쿠르트 벡은 제시하였다. 재선에 성공한 쿠르트 벡의 사례는 연방정치(Bundespolitik)에도 그

---

32) 가족기능 약화, 가족역할 상실 등으로 이해할 수 있다.

대로 반영되었다.

2002년 연방의회 선거에서 녹색당(Die Grüne)과 이미 1998년부터 연립정부를 구성하고 있던 당시 사회민주당의 슈뢰더(Gerhard Schröder) 수상이 주요 재선 공약 중 하나로서 전일제학교 확대와 이를 위한 투자 규모 40억 유로를 발표하였다. 이 공약이 슈뢰더의 집권과 함께 2003년부터 시작하여 2009년까지 진행된 「투자 프로그램 '교육과 돌봄의 미래(IZBB)'」이다.

전일제학교 확대는 2009년부터 등장한 기독교민주연합/사회연합과 사회민주당 두 거대정당의 대연정에서도 지속되었다. 전일제학교가 정치 진영을 초월하는 "유행이 되었다(en vogue)." 고 말할 수 있는 변화가 생겨났다. 기독민주연합/사회연합도 전일제학교 확대 청사진 마련에 대한 구체적 관심을 보이기 시작하였다.[33] 2025년까지 전일제학교 학생 비율을 전체 학생의 80%까지 끌어올리겠다는 공약을 2017년 기독민주연합/사회연합의 수상 앙겔라 메르켈(Angela Merkel)이 내놓았다. 2018년 3월 출범한 기독민주연합/사회연합(CDU/CSU)과 사회민주당(SPD) 연립정부는 연정 협의에 기초하여 2021년까지 모두 20억 유로[34]를 전일제학교 확대를 위한 예산으로 집행하였다.[35]

---

33) Der Spiegel(2002), "Hier ist immer was los", Nr.24, S.68.
34) 1유로 1,350원 기준 = 2조7천억원.
35) Koalitionsvertrag(2018.2.7), Zwischen CDU, CSU und SPD.

4. 전일제학교

전일제학교

가. 전일제학교의 개념

전일제학교(Ganztagsschule)의 개념을 언급하는 순간, 하나의 단일한 모습이 있는 것으로 상상하기 쉽다. 그러나 전일제학교는 다양성을 전제로 하는 개념이다. 돌봄과 교육이 융합되는 공간은 지역사회의 특성을 반영하는 속성을 갖기 때문이다. 도시와 농촌, 일자리 중심 혹은 주거 자체를 목적으로 형성된 지역, 아동이 많거나 노인이 많은 지역, 전업주부 혹은 맞벌이 부부가 사는 지역 등 사람이 사는 공간의 특징은 다양하다. 이 다양성에 따라 아동돌봄·교육에 대한 욕구와 요구가 다르게 나타난다. 전일제학교는 지역 특성을 반영하여 만들어야 효과가 극대화될 수 있다. 따라서 독일에서도 전일제학교 개념을 제시할 때에는 최소한의 기준을 언급할 뿐 지역 상황에 맞는 전일제학교를 도입할 것을 권고하

고 있다.36)

1) 독일 주정부 교육부협의체

독일은, 교육 자치가 분명한 국가이다. 등록금이 없기 때문에 흔히 국립대학교로 알려진 독일의 대학교는 사실상 주립대학교다. 각 주 별로 학교의 방학 기간도 다르다. 한국의 광역시도에 해당하는 주정부(Landesregierung)에서 초중고등 교육 과정을 모두 관장한다. 주정부의 교육정책이 동일하지 않은 만큼 전일제학교의 모습도 똑같이 나타나지 않는다. 물론 연방국가 범위에서 교육정책의 균형을 맞출 필요가 있다. 그래서 독일연방을 구성하는 공간 delete 16개 주정부의 교육부 협의체가 있다. 이른바 '교육부장관 회의(KMK: Kultusministerkonferenz)'37)다. 이 협의체에서 전일제학교의 최소 기준을 다음과 같이 제시하였다(Klemm,2014:9).

우선 오전 시간을 포함하여 하루 7시간 기준 오후 4시까지는 학생이 학교에 머무를 수 있도록 시간 구성을 해야 한다. 점심은 학교가 제공해야 하며 비용은 학부모 소득 비례

---

36) 독일 아동·청소년재단(die Deutsche Kinder-und Jugendstiftung), Was ist eigentlich eine Ganztagsschule?
출처: https://www.ganztaegig-lernen.de/was-ist-eigentlich-eine-ganztagsschule, 2022년 10월 1일 내려받음.

37) 정식 명칭은 독일연방공화국 '주교육부장관 상설회의(Die Ständige Konferenz der Kultusminister der Länder in der Bundesrepublik Deutschland)' 이다.

로 부담한다. 기초보장 급여 수급 부모 등 저소득 자녀의 비용은 무료로 한다. 운영과 관리 주체는 학교가 된다.[38] 프로그램 구성은 개인의 역량을 강화하는 취미 활동, 공동체 지향적 프로그램 운영, 예체능에 기초한 활동적 참여, 적절한 휴식 시간 등을 기본 요소로 해야 한다.

그림 11 전일제학교 구성의 기본 요소

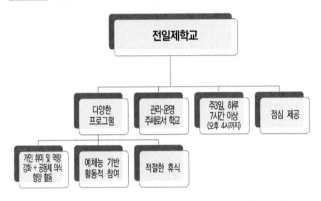

출처: 「독일 주정부교육부협의체 홈페이지(Kultusministerkonferenz)」를 토대로 재구성.[39]

---

38) 독일은 지방자치단체와 교육지원청이 분리되어 있지 않다. 지방자치단체 안에 학교관리위원회(Schulaufsichtsbehörde), 교육국(Schulamt) 등이 있어서 주지사나 시장·군수 등이 교육 관련 현안을 총괄한다.
39) https://www.kmk.org/themen/allgemeinbildende-schulen/bildungswege-und-abschluesse/ganztagsschulen-in-deutschland.html

2) 전일제학교협회

주정부 교육부 협의체에서 제시한 기준 이전에 이미 1995년 전일제학교협회(Ganztagsschulverband)에서 "전일제학교란 무엇인가? 전일제학교의 구조와 개념적 특징"이라는 문건을 통해 전일제학교의 구성 요건을 제시하기도 하였다(정재훈·정창호, 2018:62).

첫째, 모든 학생에게 1주일에 최소 4일, 하루 7시간 이상 학교에 머무를 수 있는 기회를 제공하고 선택할 수 있도록 해야 한다. 둘째, 원하는 모든 학생에게 인스턴트가 아닌, 제대로 된 점심식사를 제공해야 한다. 비용은 소득비례 부담으로 하며 저소득층의 경우에는 무료로 한다. 셋째, 오전과 오후 교육·돌봄 프로그램을 연속성 있게 운영해야 한다. 오전·오후 프로그램의 통합성 수준이 높아야 한다. 이를 위하여 교사가 오후 시간 운영에 참여해야 한다. 넷째, 오후 시간에는 대안적 교육 시간을 제공해야 한다. 프로젝트나 실험, 실습 등 다양한 형태를 시도할 수 있다. 오후 시간의 경우 필요하다면 외부 전문가가 참여할 수 있다. 다섯째, 오전에 제시한 과제를 오후에 해결할 수 있는 시간을 가져야 한다. 과제를 집으로 가져가지 않도록 한다. 여섯째, 운영 주체로서 학교는 전일제 운영 전담 조직을 구성해야 한다. 전일제학교 운영 담당을 겸임하지 않는 체제를 갖추어야 한다. 일곱째, 학부모와 지역사회 다양한 기관과 조직 등 학교 외 지역사회

공동체가 전일제학교 운영에 참여해야 한다. 여덟째, 전일제학교 운영을 위한 독립된 공간을 확보해야 한다.

전일제학교협회가 제안하는 기준은 주정부 교육부협의체 기준보다 더 상세하고 엄격하다. 지역에 따라서는 협회 제안 기준을 충족시키지 못하는 경우도 있다. 실제로 학교 상황에 따라 전일제학교 운영을 위한 독립된 공간을 확보하지 못하여 오전 수업 교실을 오후에 그대로 전일제 운영 공간으로 활용

그림 12 전일제학교의 구성 요소

출처: 정재훈·정창호(2018:62)를 토대로 재구성.

하는 경우도 있다. 인력이나 예산 확보의 한계로 전일제를 담당하는 독자적 조직이나 인력 배치를 못하고 겸임으로 하기도 한다(정재훈·정창호,2018).

결국 전일제학교는 고정된 구조나 개념이 아니며 진행형이기도 하다. 지역사회 특성과 학부모·아동의 욕구와 요구, 교사와 관련 전문가들의 의견 등을 종합하여 만드는 체계이다. 따라서 지역사회 환경이나 학부모·아동·교사 등 관련 집단의 욕구와 요구 변화, 예산·인력 지원 상황 등에 따라 지속적으로 보완·수정되는 엔트로피(entropy)적 속성을 갖는 '진행형 체계'로 전일제학교를 이해할 수 있다.

나. 전일제학교의 유형

부모가 갖는 아동 돌봄 및 교육 관련 자율권을 침해하는 경로로서 전일제학교를 보는 시각이 우세했던 독일에서는 전일제학교를 본격적으로 도입하면서도 선택의 기회를 보장하는 방향으로 정책의 흐름을 잡았다. '묶여진 형태(gebundene Form)'라는 표현의 의무형 전일제학교와 '열려진 형태(offene Form)' 공간 delete라는 의미의 전일제 과정으로 분류하여 부모와 아동이 선택할 수 있는 개방형 전일제학교가 있다.

1) 의무형 전일제학교

의무형 전일제학교는 오전부터 오후까지 학교 시간표를 전일제를 전제로 편성한다. 학생은 모두 예외 없이 전일제 과정에 참여하는 형태이다. 의무형 전일제학교에서는 전일제 학교 기준으로 제시한 여러 요소들을 오전·오후 시간에 구애받지 않고 자유롭게 편성한다. 실험적 교육 방법이나 취미 활동, 공동체 활동 등을 오전 시간에도 운영할 수 있다.

2) 개방형 전일제학교

오전 수업까지는 함께 하지만, 오후 과정은 원하는 학생들만 남아서 돌봄과 교육 서비스를 받는 형태가 개방형 전일제학교이다. 전일제학교가 활성화된 이후 의무형과 비교할 때 증가 추세가 더 빠른 형태이기도 하다. 개방형 전일제 과정 참가를 희망할 경우 한 학기 단위로 신청을 할 수 있다 (Klemm, 2014:10).

오후 돌봄이나 교육 관련 욕구를 모든 부모가 동일하게 갖는 것은 아니다. 일·가정양립의 필요성 때문에 사회적 돌봄 체계 확대를 강하게 요구하는 부모가 있다. 반면, 내 아이는 내가 직접 돌보고 가르치겠다는 욕구를 갖는 부모도 있는 현실이다. 학교가 제공하지 못하는 교육 내용이나 취미·특기 활동을 자녀가 하도록 원하는 부모들도 많다. 이러한 부모들은 전일제학교를 강제할 경우 획일적이고 전체주의적인 시도로 받아들이게 된다. 또한 학교 재정이나 인력 관련 사정으로 인하여 전체 학급을 전일제로 편성하기 어려운 경우도 있다.

개방형 전일제학교는 일·가정양립을 원하는 부모의 욕구를 충족시켜주고 학교가 중심이 되어 교육 격차를 해소하는 역할을 한다. 그러면서 동시에 부모들이 학교 밖에서 선택한, 자녀를 위한 '독립된 오후 시간'과 경쟁하는 상황에 놓이기도 한다. 부모와 사교육 중심 아동 교육 체계와 비교할 때 전일제학교 제공 교육·돌봄 서비스 내용이 비교 우위를 갖게 될 경우 전일제학교를 선택하는 학생 수가 증가할 수 있다. 물론 그 반대의 가능성도 존재한다.

표 3 개방형과 의무형 전일제학교 운영 사례

	개방형	의무형
학교 수업	08:00 ~ 12:00 교과형 의무 수업 13:00 ~ 16:00 참가형 신청 수업	8:00 - 16:00 수업
과정 구성	오후 : 자발적 참가형 신청수업 - 학교 과제 - 집단활동 - 교육적 상담 및 지도 - 개별 취미·여가 활동	교과형 수업과 여가 프로그램의 균형적 배분 신체리듬을 반영한 시간 편성 - 배움과 휴식시간 균형 배치 필기 과제 없음
점심 식사	신청급식	의무급식

출처: Der Spiegel(2001:87)을 토대로 재구성.

5. 최근 흐름과 전망

최근 흐름과 전망

가. 법적 토대 강화와 투자의 확대

2000년대 초반 본격적으로 도입되기 시작한 이후 20여년이 지난 현재 전일제학교는 거스를 수 없는 대세가 되었다. 계층 간 교육 격차 해소, 부모의 일·가정양립과 경력단절 없는 전문노동력 확보, 영유아기에서 초등학교기에 이르는 사회적 돌봄체계 구축, 저출산 현상의 반등이라는 성과를 독일사회가 경험하고 있기 때문이다. 그 결과 1996년 3세 이상, 2013년 1~2세 사이 유아의 킨더가르텐 자리를 법적으로 보장했던 흐름을 이어서, 2026년부터는 전일제학교 자리를 모든 초등학생에게 보장 하는 법적 변화가 일어났다.

'초등연령아동 전일제 촉진을 위한 법률(Gesetz zur ganztägigen Förderung von Kindern im Grundschulalter: Ganztagsförderungsgesetz. 전일제촉진

법 GaFöG)'이 2021년 9월 제정되었다. 동 법에 따라 2026년에 입학하는 초등생부터 원할 경우 전일제학교 자리를 보장받는 법적 권리를 갖게 된다. 2026년 이후 매년 순차적으로 초등입학생이 전일제학교 자리에 대한 법적 권리를 보장받음으로써, 2026년 입학생이 4학년이 되는 2029년에는 모든 초등생에게 원할 경우 주 5일, 하루 8시간에 걸친 전일제 과정을 그룬트슐레(1~4학년) 공간 내에서 교육과 돌봄서비스 중심으로 제공해야 한다. 여름방학 기간 중에도 신청 학생이 있다면 최대 4주 범위에서 전일제 과정 서비스를 그룬트슐레는 제공해야 한다.

이러한 변화를 위해 필요한 인력과 공간 확보를 위하여 최근 집권한 사민/녹색/자유당(SPD/Grüne/FDP) 연립정권은 2022년부터 2025년까지 모두 35억 유로[40]의 투자를 시작하였다. 1년에 9억 유로가 조금 안되는 규모인데, 2026년부터는 연간 투자액을 증액하여 2030년 이후에는 매년 13억 유로의 연방정부 예산을 주정부에 지원함으로써 모든 그룬트슐레의 전일제학교화를 달성할 계획이다.

계획 성공을 위하여 연방정부와 주정부 간 명확한 역할 분담 및 협조 체계가 중요하다. 연방정부는 지속적으로 재정지원을 하면서 주정부가 지역 실정에 맞는 전일제학교 운영을 하는 역할 분담 체계의 확립이 중요한 것이다. 2021년

---

40) 1유로 ≒ 1,350원 기준으로 약 4조7천억 원 규모이다.

「전일제촉진법(Ganztagsförderungsgesetz)」을 제정하는 과정에서도 전일제학교를 확대하려는 연방정부와 재정 부담을 의식하여 소극적 태도로 나오는 각 주정부 간 갈등이 있었다. 이때 연방정부가 재정 지원을 더 확대하겠다는 적극적 의지 표명을 통해 주정부의 동의를 얻어냈다. 그 결과 동 법안이 연방주대표협의회(Bundesrat)를 통과하여 연방법(Bundesgesetz)으로서 탄생할 수 있었다.

그림 13 전일제학교 확대 로드맵

대 상	시 간	재 정
• 초등 1~4학년 • 2029년부터 모든 그룬트슐레에게 전일제학교 자리 제공	• 주5일 • 하루 8시간 • 방학 중에도 최대 4주까지	• 35억 유로 (2022~2025년) • 2026년부터 연간 투자액 증액 • 매년 13억 유로 (2030년부터)

나. 초저출산의 계곡을 나오고 있는 독일 사회

1970년 합계출산율이 2명 수준을 기록한 이후 독일의 출산율은 그 이상을 올라간 적이 없다. 제이차세계대전 패배 이후 폐허에서 시작하여 1980년대에 이르기까지 보편적 복지국가체제를 완성한 독일이었다. 1957년 적립방식에서 부과방식으로 개편한 연금 대개혁이 상징적으로 보여주는 사회연대

기반 복지국가 확대가 있었다. 1950년대에는 주5일제 노동, 1960년대에는 주40시간 노동이 시작되었다. 1980년대에 들어서 주40시간 이하 노동이 시작되었으며 유연근무도 확대되었다. 1990년대에는 주35시간 노동도 도입되었다. 셋째 자녀부터 지급하는 아동수당제도를 1950년대에 시작하였고 1975년에는 모든 자녀 대상 아동수당 지급을 하였다. 1986년에는 아동보육휴가·아동보육급여(Kindererziehungsurlaub/-geld)라는 명칭으로 육아휴직제도도 도입하였다.

보편적 사회보장제도, 짧은 노동시간, 가족지원제도 등을 갖춘 복지국가체제가 성립되었음에도 불구하고 독일의 출산율은 지속적으로 낮아졌다. 앞서 '이행의 계곡' 개념을 통해 설명했듯이, 변화하는 '출산주체'로서 여성의 욕구에 대응하지 않는 가족정책을 고수했기 때문이다(정재훈, 2020). 출산의 필요조건으로서 비용의 문제를 해결해 주는 복지국가 체제였지만, 가족이냐 경력이냐를 여성에게만 강요하는 성차별적 사회체제에 여성이 출산기피와 경력 선택으로 대응하였기 때문이다. 여성의 선택은 혁명적으로 변했지만 사회가 그 빠른 변화에 충분히 대응하지 못한 '불완전한 혁명(incomplete revolution)'이 지속적 저출산 현상을 낳은 것이다(Esping-Andersen, 2009).

통일의 여파로 동독 지역 출산율이 1.0 이하로 내려가는 현상과 겹치면서 독일은 출산율이 1.3 이하로 내려가는 초저출산 현상도[41] 경험한다. 결국 가족에 대한 현금 중심 지원에서 벗어나 부모의 일·가정양립을 가능케 하는 사회적 돌봄확대로 대응하기 시작하면서 저출산의 늪에서 서서히 빠져나가고 있다. 비용분담이라는 필요조건은 충족된 상황이었지만, 당장 여성이 직장과 가정을 모두 선택할 수 있고 결국 부모가 '함께 돌보는' 충분조건을 형성하는 방향으로 정책 선회를 하면서 독일의 합계출산율은 유럽연합 평균 수준을 넘어서는 변화를 하고 있다.

사회적 돌봄 확대의 두 가지 축이 킨더가르텐 자리 보장과 전일제학교의 확대이다. 1996년 킨더가르텐 자리에 대한 아동과 부모의 법적 권리를 3세 이상부터 보장하기 시작하였다. 2013년부터는 그 대상이 1~2세로 확대되었다. 자녀출생 직후 0세 시기에는 부모가 육아휴직을 하면서 직접 돌보는 기회를 보장하고 그 이후에는 사회적 돌봄으로써 부모의 일·가정양립을 가능케 하는 것이다. 킨더가르텐 자리 법적 보장의 의미는 다음과 같다. 킨더가르텐에 보내야 할 자녀가 있지만, 주거지 근처에서 보낼만한 킨더가르텐이 없으면 이는

---

41) 1970·80년대 이후 서유럽 대륙에서 본격화된 저출산 현상은 두 가지 양상으로 나타난다. 합계출산율 2.0 이하로 내려가기는 하지만 그래도 1.5~2.0 수준을 유지하는 국가들이 있는가 하면, 독일이나 스페인, 이탈리아, 그리스 같은 가족주의적 경향이 강한 국가의 경우에는 출산율의 최저점이 1.3 이하로 내려가는 현상을 보인 것이다. 저출산의 흐름이 1.3 이상과 이하를 기준으로 분리되어 나타나는 현상에 기반하여 합계출산율 1.3을 저출산율 중에서 저출산(lowest-low fertility), 즉 '초저출산'의 기준으로 사용하고 있다 (정재훈,2020).

국가, 즉 지자체의 책임이다. 따라서 지자체가 킨더가르텐을 충분히 만들지 못하여 부모가 자녀돌봄을 누군가 다른 사람에게 맡기고 비용을 지불해야 하는 상황이 생긴다면 지자체가 그 비용을 대신 부담해야 한다. 결국 그런 상황이 발생하지 않도록 지자체는 충분한 킨더가르텐 자리를 확보해야 한다.

사회적 돌봄체계가 킨더가르텐에서 그친다면 여전히 도움이 필요한 초등학교 시기에 부모는 이른바 '돌봄절벽'에 부딪치게 된다. 따라서 킨더가르텐에 이은 사회적 돌봄체계 구축으로서 전일제학교 확대는 예정된 수순이었다고 볼 수 있다. 2001년 라인란트-팔쯔 주선거에서 이슈화되었고 연방정부의 '투자 프로그램: 돌봄과 교육의 미래(IZBB)'로 구체화된 전일제학교 확대, 2002년에서 2020년까지 10배 이상 늘어난 초등 전일제학교와 학생 수, 이를 가능케 한 투자의 확대는 2000년대 초반 1.3 내외를 맴돌던 독일의 합계출산율이 1.6 수준으로 지속적으로 증가하는 계기가 되었다. 2021년 제정된 '전일제촉진법'은 킨더가르텐과 마찬가지로 전일제학교 자리에 대한 아동과 부모의 법적 권리를 보장하는 획기적인 변화이다. 2026년 그룬트슐레 입학생부터 적용하게 된다. 이러한 변화를 가능케 하기 위하여 독일 연방정부는 2018년 이후 연 5억 → 연 9억 → 연 13억 유로 수준으로 투자를 확대하고 있다. 전일제학교에 대한 법적 권리 보장과 이를 위한 투자의 종착점은 모든 초등학교, 즉 그룬트슐레의 전일제화이다.

킨더가르텐과 전일제학교를 중심으로 한 사회적 돌봄체계 확대와 더불어 2007년을 기점으로 독일의 가족정책은 양성 평등적이면서 가족친화경영에 기반한 일·가정양립으로의 방향 전환을 하게 된다. 부모의 다함께 돌봄을 강조하고 가능케 하는 '부모시간·부모수당(Elternzeit/Elterngeld)'으로서 육아 휴직제도 개편(2007년), 독일 연방상공회의소 등 경제계가 주도하여 본격화한 가족친화경영의 확대 등이 대표적 사례이다. 부모가 자녀와 함께 가질 수 있는 시간을 보장해 주는 가족정책적 변화가 사회적 돌봄체계 확대와 함께 시너지 효과를 내면서 독일에서는 아기울음소리가 더 많이, 일정하게 들리기 시작하고 있다.

그림 14 독일 사회적 돌봄체계 변화와 출산율 상승 추이

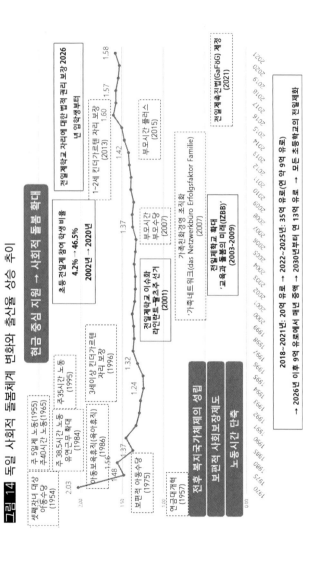

현금 중심 지원 → 사회적 돌봄 확대

전후 복지국가체제의 성립
보편적 사회보장제도
노동시간 단축

생계잔녀 대상 아동수당 (1954)

주 5일제 노동(1955)
주40시간 노동(1965)

주 38.5시간 노동
육아근무 확대 (1984)

주35시간 노동 (1995)

아동보육휴직(육아휴직) (1986)

3세이상 킨더가르텐 자리 보장 (1996)

보편적 아동수당 (1975)

연금대개혁 (1957)

초등 전일제 참여 학생 비율
4.2% → 46.5%
2002년 → 2020년

전일제학교 이슈화
라인란트-팔츠 주 선거 (2001)

전일제학교 자리에 대한 법적 권리 보장 2026
년 입학생부터

1-2세 킨더가르텐 자리 보장 (2013)

부모시간 플러스 (2015)

부모시간
부모수당 (2007)

가족친화경영 조직화
가족네트워크(das Netzwerkbüro Erfolgsfaktor Familie) (2007)

전일제학교 확대
'교육과 돌봄의 미래(IZBB)'
(2003-2009)

전일제촉진법(GaFöG) 제정 (2021)

2018~2021년: 20억 유로 → 2022-2025년: 35억 유로(연 약 9억 유로)
→ 2026년 이후 9억 유로에서 증액 → 2030년부터 연 13억 유로 → 모든 초등학교의 전일제화

6. 결론 및 시사점

결론 및 시사점

전일제학교 자리 보장을 2026년부터 법적으로 명문화하였지만 비판의 목소리가 전혀 없는 것은 아니다. 전일제학교의 급격한 확대 속도를 주정부와 지역 학교가 따라갈 수 없는 어려운 여건들, 특히 재정적 어려움에 대한 불만의 목소리가 있다. 여기에 더하여 학교에 머무는 시간이 지나치게 늘어나면서 생기는 부작용에 대한 우려도 있다. 가족의 돌봄 책임을 학교에 떠넘긴다는 전통적 시각도 여전하다. 그럼에도 불구하고 전일제학교는 독일사회에서 더 이상 거스르기 어려운 흐름이 되었다.

"학교는 가르칠 뿐만 아니라 돌보는 공간이 되어야 한다."는 인식의 변화를 독일사회에서, 독일의 교육 현장에서 관찰할 수 있다. 계층 간 교육 격차와 엄마들의 취업활동 확대, 더 이상 출구가 보이지 않던 긴 기간의 저출산 현상이 그러한 인식 변화의 계기가 되었다. 새로운 환경 변화에 대응하기 위하여 도입·확대된 전일제학교는 단순히 오후에 아이들이 학교에 머무는 시간이 늘어난 장소가 아니다.

학부모와 학생의 선택을 전제로 하되, 다양한 교육와 돌봄 기회를 제공하는 장소로서 전일제학교가 도입·확대되고 있다. 학력 수준 향상에서 더 나아가 학생들은 전일제학교 과정을 통해 독일사회가 지향하는 공동체의 가치를 사회화·내재화한다. 부모가 만들어주지 못하는 양질의 성장 환경을 경험한다. 하루 한 끼 식사를 제대로 하는 것부터 부모의 경제적 능력만으로는 불가능한 배움의 시간을 갖는다. 부모는 '경력이냐 돌봄이냐' 식 선택의 기로에 더 이상 서 있을 필요가 없다. 전문노동력으로서 자신의 가치를 직장과 노동시장에서 유지하고 발전시키면서 일·가정양립을 할 수 있는 기회를 가질 수 있다. 전문노동력으로서 가치를 유지하는 부모를 품고서 가족친화경영을 하는 기업은 글로벌 경쟁력을 갖추면서 지속가능 성장을 한다. 이제 독일의 상황이 한국의 전일제학교 도입에 주는 시사점을 제시한다.

먼저, 의무가 아닌 선택으로 해야 한다. 아동과 부모의 다양한 욕구와 요구를 반영한 자발적 선택으로서 전일제학교 도입이 있어야 한다. 자녀교육 주체인 부모의 입장에서 "전일제학교를 만들테니 무조건 자녀를 보내라."는 식의 접근은 받아들이기 어렵다. 2018년 저출산·고령사회위원회에서 전일제학교 형태의 이른바 「더놀이학교」 도입 논의를 시작하면서 의무 규정을 두려고 하였다. 다른 논쟁점들과 더불어 강제로

해야 한다는 접근이 사회적 반대에 부딪쳐서 한국형 전일제 학교 논의가 중단된 사례가 있다.

둘째, 사교육 시장에 대한 부모의 의존도와 선호도가 높은 상황에서 전일제학교는 양질의 프로그램으로써 사교육 시장과 경쟁할 수 있는 수준을 갖추어야 한다. 오후시간을 단순한 보호·돌봄으로 보낸다는 인식을 아동과 부모가 갖는다면 설령 도입한다 하더라도 전일제학교 확대는 기대하기 어렵다. 기존 돌봄교실과 방과후과정이 전일제학교로 편입될 가능성이 높은 상황을 고려한다면, 돌봄교실과 방과후과정의 서비스 품질을 향상시킬 수 있는 대안 제시가 필요하다.

점심 식사 후 오후시간을 구조화하여 학교과제 해결 시간, 예체능 중심 자기계발 과정, 사회성을 함양할 수 있는 프로그램 등 다양하고도 수준 높은 프로그램 운영을 준비해야 한다. 사교육 시장보다 높은 경쟁력을 갖춘 프로그램 운영을 위해 필요하다면 소득비례 학부모 부담 원칙을 도입할 수 있다. 이미 방과후과정은 학부모의 부담으로 운영되고 있다. 저소득층의 경우에는 무료부터 시작하여 부모의 소득 수준에 따른 비용 부담을 통하여 프로그램 유지 비용을 조달할 수 있다. 비용 수납 업무를 학교에서 직접 하지 않고 교육청이나 지자체에서 하게 되면 '공짜로 하기 때문에 눈치 보는 학생'은 생기지 않는다.

셋째, 전일제학교는 기본적으로 학교를 공간으로 구성되어야 한다. 물론 지역 사정에 따라 이동하는 아동의 안전을 보장하면서도 더 좋은 학교 밖 공간 활용이 적합할 수도 있다. 이러한 상황을 제외한다면 아동이 이동을 여러 번 하는 상황은 안전을 고려해도 바람직하지 않다. 오랜 시간 학교에 머무는 아동이 지루하거나 피로하지 않도록 학교 공간을 (재)구성해야 함은 물론이다. 아동의 신체발달 정도에 맞지 않는 책상 등 가구의 재배치부터 시작하여 쾌적한 공간의 구성, 돌봄교실과 방과후과정 공간의 안전한 연결 등 해결해야 할 많은 과제가 있다.

넷째, 전일제학교는 새로운 교육의 형태이다. 가르치기만 했던 학교가 교육과 돌봄의 융합적 공간으로 재탄생하는 변화다. 영유아기의 초점은 돌봄에 있지만, 성장 과정의 특성상 초등 입학 후 아동은 돌봄보다 더 적절한 교육을 필요로 한다. 따라서 전일제학교 운영 주체는 기본적으로 교육청이 되어야 한다. 물론 지자체의 참여와 지원이 전일제학교 운영의 필요 조건이다. 독일의 경우에는 교육청과 지자체가 분리되어 있지 않고, 지자체에서 교육·학교 업무를 모두 관할한다. 그러나 한국에서 돌봄은 지자체, 교육은 교육청으로 주체가 분리되어 있다. 따라서 교육청이 주관하되 교육청과 지자체의 협력 관계 구축이 절대적으로 필요하다. 교육인력과 돌봄인력 수급, 학교 공간 재배치 등을 위해 필요한 예산을 공동 부담하는 등 역할 분배가 필요하다.

다섯째, 당장 전국적으로 전일제학교를 확산시킬 수 없다. 전일제학교 도입에 대한 사회적 합의가 필요하고 예산을 확보해야 하며 지역 사정이 다양하기 때문이다. 사실상 전일제학교를 운영하는 지역도 이미 있다. 따라서 지역별 상황 및 욕구에 따른 단계적 도입을 추진할 필요가 있다. 전국적 모델 확산을 전제로 한 시범사업을 우선 하는 것도 하나의 방안이다. 전일제학교 도입을 위한 참여 주체 간 협의체 구성을 하여 시범사업이나 확대 방안을 관리할 수 있다. 중앙정부(교육부와 복지부), 광역 지자체와 교육청이 구성하는 가칭 「전국 전일제학교 도입 추진협의회」, 기초 지자체와 교육지원청, 지역사회 학교와 학부모 모임, 관련 단체 등이 참여하는 가칭 「지역 전일제학교 도입 추진협의회」를 구성하여 사회적 합의와 전일제학교 운영 방안을 도출할 수 있다.

여섯째, 무엇보다, 이미 전일제학교 같은 운영을 하는 상황에서 관련 주체들의 역할과 입장이 반영되는 대안을 만들어야 한다. 기존의 교사, 돌봄전담사, 방과후과정 강사 등이 전일제학교 운영으로 편입될 것이 예상되는데 이 주체들 간 역할 분담과 현재보다 나은 처우 개선 방안을 제시해야 할 필요가 있다. 학교와 교사의 부담이 가중되는 전일제학교 도입은 의미가 없다. 전일제학교 운영으로 인하여 책임만 늘어난다면 학교와 교사 입장에서 전일제학교 도입을 찬성할 이유가 없다. 돌봄전담사와 방과후과정 강사의 역할과 지위, 처우에 대한 논의도 있어야 할 것이다. 오후 전일제학교에서 운영 단위를 어떻게 구성할 것인가? 오후 담임 역할을 누가 할 것인가? 상황에 따른 책임 주체는 어떻게 규정할 것인가

등등 논의가 필요하다. 교사, 돌봄전담사, 방과후과정 강사의 시각에서 볼 때 현재보다 나아지는 상황에 대한 기대가 없다면 전일제학교 도입 시도는 어려울 수 밖에 없다.

이렇게 마무리를 해본다. "교사는 가르칠 뿐 돌보지 않는다. 학교는 과정상 거쳐 가는 곳일 뿐 진짜로 배우는 공간은 학원이다. 기업에게 가족친화경영은 불필요한 비용 발생 요인일 뿐이다. 이주배경 인구의 포용은 그리 중요하지 않다." 이게 우리의 모습은 아닌지? 성찰적 반성을 해보자. 독일의 상황을 참고하되 한국 실정에 맞는 전일제학교 도입을 논의할 때이다.

참고문헌

저출산·고령사회위원회(2018), 제7차 저출산·고령화 포럼 - (가칭)더놀이학교 도입 필요성과 쟁점을 논하다, 2018년 8월 28일 저출산·고령사회위원회 포럼 자료.

정재훈(2014), "독일 가족친화기업정책". 홍승아 외, 「주요국의 일가정양립문화와 가족친화경영 성과연구」, 대한상공회의소.

정재훈(2020), 여성의 사회참여 확대, 정책적 대응과 출산 현상의 변화, KDI 학예연구 2020-01.

정재훈·정창호(2018), 교육·가족·사회적 관점에서의 독일 전일제학교 실태 분석 연구, 대통령 직속 저출산·고령사회위원회 연구보고서.

Appel, Stefan & Rutz, Georg(2009), Handbuch Ganztagsschule: Praxis, Konzepte, Handreichungen, Wochenschauverlag.

BMFSFJ(Bundesministerium für Familie, Senioren, Frauen und Jugend(2017), Familienreport 2017.

BMFSFJ(2013), Beruflicher Wiedereinstieg von Frauen nach längerer familienbedingter Ewerbsunterbrechung, Ergebnisse der Evaluation des ESF-Programms "Perspektive Wiedereinstieg".

Bourdieu, Pierre(1977), Reproduction in Education, Society and Culture, Beverly Hills, Sage Publication.

Der Spiegel(1996), "Länger lernt sich es leichter - Ganztagsschule machen Spaß und entlassen die

Familien", SPECIAL 1996, Nr. 11, S.26-29.

Der Spiegel(2001), "Schulen – Offensive am Nachmittag", Nr.11, S.87-90.

Der Spiegel(2002), "Hier ist immer was los", Nr.24, S.68.

Dern, Karl(1955), "Überwindungen gesellschaftlicher Hemmungen in der Schule", In: Allgemeine Deutsche Lehrerzeitung(1955), Nr.9

Esping-Andersen, Gösta(2009), The Incomplete Revolution: Adaptation to Women's New Roles, Polity Press, London.

Hagemann, Karen(2009), "Die Ganztagsschule als Politikum. Die bundesdeutsche Entwicklung in gesellschafts- und geschlechtergeschichtlicher Perspektive", In. Stecher, Ludwig u.a.(Hrsg.), Ganztägige Bildung und Betreuung. Weinheim, Beltz 2009, S.209~229.

Jarausch, Konrad(1998), "Realer Sozialismus als Fürsorgediktatur. Zur begrifflichen Einordnung der DDR", in: Aus Politik und Zeitgeschichte B 20/1998, S.33-46.

Klemm, Klaus(2014), Ganztagsschulen in Deutschland: Die Ausbaudynamik ist erlahmt, Bertelsmann Stiftung.

Mattes, Monika(2015), Das Projekt Ganztagsschule, Böhlau Verlag.

OECD(2019), PISA 2018, Deutschland.

Opielka, Michael. (2004), Sozialpolitik, Rowohlt Taschenbuch

Verlag, Hamburg.

Schmid, Peter(1994), "Ethischer Sozialismus", In. Zeitschrift Rote Revue - Zeitschrift für Politik, Wirtschaft und Kultur, Band (Jahr) 72, Heft 3(1994), S.8~13.

Seegers, Lu(2013), Vati blieb im Krieg. Vaterlosigkeit als Generaionelle Erfahrung im 20. Jahrhundert - Deutschland und Polen, Reihe: Göttinger Studien zur Generationsforschung. Veröffentlichungen des DFG-Graduiertenkollegs »Generationengeschichte«; Bd. 13, Wallstein Verlag.

Smolka, Dieter(2002), "Die PISA-Studie - Konsequenzen und Empfehlungen für Bildungspolitik und Schulparxis, Aus Politik und Zeitgeschichte", B41/2002, S. 3-11.

Strawe, Christoph(1994), "Arbeitszeit, Sozialzeit, Freizeit: Ein Beitrag zur Überwindung der Arbeitslosigkeit. In: dreigliederung.de. Institut für Soziale Dreigliederung, 1. Dezember 1994.

Weigelt, Friedrich(1957), "Ganztagsschule", In: Pädagogische Blätter. Zeitschrift für Erziehung und musische Bildung 8(1957), Nr.3. S.71-73.

Wenke, Hans(1958), "Die Tagesheimschule in der Lebensordnung unserer Zeit", In: Theorie und Praxis der Tagesheimschule, Frankfurt 1958, S.7-23.

교육과 돌봄의 융합으로서
전일제학교 확대와 시사점

발행일 ｜ 2022년 12월 31일

펴낸곳 ｜ EM실천

주　소 ｜ 서울 금천구 서부샛길 648 대륭테크노타운 6차 1004호

전　화 ｜ 02)875-9744

팩　스 ｜ 02)875-9965

e-mail ｜ em21c@hanmail.net

ISBN : 979-11-981847-0-2　03330